富强

美丽的中国梦

顾作义 主编

南方日报出版社
NANFANG DAILY PRESS
中国·广州

图书在版编目（CIP）数据

富强：美丽的中国梦 / 顾作义主编．— 广州：南方日报出版社，2016.10

（“我们的价值观十二讲”丛书）

ISBN 978-7-5491-1460-3

Ⅰ. ①富… Ⅱ. ①顾… Ⅲ. ①社会主义建设－价值论－中国－通俗读物 Ⅳ. ① D616-49

中国版本图书馆 CIP 数据核字（2016）第 216407 号

出 版 人：周洪威
责任编辑：阮清钰
责任技编：王　兰
责任校对：王　燕
封面设计：肖晓文

富强——美丽的中国梦 FUQIANG：MEILI DE ZHONGUO-MENG

主　　编：顾作义
出版发行：南方日报出版社
地　　址：广州市广州大道中 289 号
经　　销：全国新华书店
印　　刷：广州市怡升印刷有限公司
开　　本：787mm × 1092mm 1/32
印　　张：4.5
字　　数：64 千字
版　　次：2016 年 10 月第 1 版
印　　次：2016 年 10 月第 1 次印刷
定　　价：10.00 元

投稿热线：（020）87373998-8503 读者热线：（020）87373998-8502

网址：http://www.nanfangdaily.com.cn/press http://www.southcn.com/ebook

“我们的价值观十二讲”丛书

前　言

《我们的价值观十二讲》自2014年10月出版以来，受到了广大读者的欢迎和喜欢，以至于一册数印，均已售罄。如今时过两年，我们在其基础上进行扩充修订，一方面根据最新文件精神和要求增加适当的材料、内容，一方面则在形式上有所创新、提升，使其成为一套内涵更丰富、形式更多元的社会主义核心价值观创新普及读本。

习近平同志曾说：“中华文明绵延数千年，有其独特的价值体系。中华优秀传统文化已经成为中华民族的基因，植根在中国人内心，潜移默化影响着中国人的思想方式和行为方式。今天，我们提倡和弘扬社会主义核心价值观，必须从中汲取丰富营养，否则就不会有生命力和影响力。”我们出版本丛书，便是立足于从中华优秀传统文化中“汲取丰富营养”，探寻“中国人的独特精神世界”和“百姓日用而不觉的价值观”，以此促进社会主义核心价值观的培育和践行。

相比原来的《我们的价值观十二讲》单行本，本丛书的特点主要有三：

（一）单本成册，更加便携易读。丛书共12种，按照富强、民主、文明、和谐，自由、平等、公正、法治，爱国、敬业、诚信、友善12个关键词单独立册，且选用了方便携带的小型开本，便于读者随身携带阅读、学习，从而在一定时间内对每个关键词的内涵和材料有所体认和熟悉。

（二）内容丰富，更为系统实用。丛书分册设《关键词讲解》《古今事典》《文心启思》和《艺术天地》四个栏目。《关键词讲解》主要从理论上对单册的关键词进行讲解，申明其内涵外延、古今之变等，相较于单行本的“释义”部分，更多作了论述和延展，可作为单个关键词的讲演草稿，而后面三个栏目的内容则可添补更多的故事和材料佐证，满足更长时间的讲演或学习。

（三）形式多样，更具赏心启迪。全书增加典故、文摘、诗词、对联等形式。如《古今事典》中除了原有的“故事”，增加了“用典”，使读者知典能用；《文心启思》包括“文录”“诗词”“名言”，主要从古今诗文、中外名言中寻找挖掘相应的资源；《艺术天地》则是对联和书法的赏析，另外，书中使用图片多是名贤画像、雕塑，或文献册页、文士书法等，使读者能暂得片刻歇憩，延展阅读的兴味。

希望本丛书的出版能让读者在勤学、修德、明辨、笃行中有所增益，知而后行，行以促知。

编者

2016年9月

目录

关键词讲解

古今事典

文心启思

艺术天地

关键词讲解

富强/国之脊梁，民之福祉

改革开放以来，中国以经济建设为中心，走上了科学发展之路。而作为最早对外开放的南方省份，广东以追赶“亚洲四小龙”为目标，经济发展也实现了“四级跳”：1998年超新加坡，2003年超香港，2007年超台湾，2013年超韩国。时至今日，广东的经济发展已成为展现当代中国繁荣富强的其中一个窗口。

国家富强是中华民族千百年来的美好夙愿，更是近代以来仁人志士孜孜以求的首要目标。社会主义核心价值观将其作为国家层面的首位要素，既是马克思主义唯物史观生产力标准的根本体现，也是实现中华民族伟大复兴中国梦的基础条件。

关于富强的辩证观

何为富强？古往今来有过很多不同的定义。春秋时期的《管子》中就已出现“富强”一词，有“国富兵强”“善为国者，必先富民”等思想。“富强”这个概念，是和“贫弱”相对应的。“富强”是一个并列词语，民富国强，才是国家的真正富强。人民富足，是一国存在的终极意义；国家强盛，是人民生活的重要保障。所以“民富”和“国强”，是相互成就、互为表里的一对概念。

首先，富不等于强，二者虽有联系，也有区别。富足是强大的基础，强大是富足的保障。英国著名经济史和经济统计学家安格斯·麦迪森认为：“中国在之前近两千年的时间里一直是世界上最大的经济体，到了19世纪90年代，它的这个位置才被美国所取代。”但是，自1840年鸦片战争以来，中国却在对外战争中节节败退，领土日益缩小，丧失了约12%的国土，国际影响力日趋低落。从任何意义上看，晚清的中国都不是一个强国，而是一个屡遭侵略、割地赔款的弱国，是一个积贫积弱的老大帝国，还是一个主权不完整的半殖民地国家。所以物质上的富裕，GDP的高指标并不意味着国力的强大。国家实力取决于经济、政治、文化、军事等综合国力的发展，取决于物质文明、精神文明、制度文明、生态文明等诸多因素，既有硬实力，也有软实力。

其次，富强是民富与国强的辩证发展。富强先要富民，丰富人民的物质生活和精神生活，进而促进人的自由全面发展；富强还在于强国，拥有强大的综合国力和国际影响力。光有民富而国不强不行。历史上的两宋即是显例。赵宋天下虽然民力殷实，但是重文抑武，军事实力弱，导致国势不强，屡遭外敌侵犯，王廷几经迁徙辗转，终至灭国。然而，片面强调强国而忽视富民，也不可持续。苏联的解体就是镜鉴。美苏争霸之时，苏联极力发展工业、军事，却置民生于不顾，终致崩溃。可见“强而不富”“富而不强”都不能真正达到富强。

第三，富强既关乎国家的发展和繁荣，又关乎社会的建设和进步，还关乎每一个公民个体的权利与价值实现。对富强的认识，不能只从经济上和物质上去理解，其外延也包括政治的强大，关系到政治制度、政治体系的现代性、先进性和优越性；包括军事的强大，关系到军事力量能够抵御外侮、维护主权的独立和完整；包括文化的强大，关系到文化的自由、包容与多元；包括社会的强大，关系到社会的繁荣、活力与良好运作。国家富强是一个系统工程，需要多方面协同发展，其发展、实现的路径也有所不同。社会主义的富强观借鉴并超越了中国传统的富强观和西方资本主义的富强观，强调富强的人民性和公平性。

民富国强：中华民族的美好夙愿

在浩瀚的历史长河中，古希腊的富强，世界至今为之神往；强盛一时的古罗马帝国，也成为强国对比的标杆；拿破仑是法国强大的标志，当今独领风骚的则是美国，……为了富强，人们进行了各种探索。在不同的历史阶段，或以农业立国，追求温饱；或以工业强国，追求强盛；或以贸易富国，谋求海洋霸权；或以科教兴国，追求科技创造……虽然追求的内容不同，追求的层次不一样，达到的境界不一样，但是追求富强的动力，一如既往。

历史上的中国也曾是辉煌强盛的东方大国，一代又一代的中华儿女发愤图强、励精图治，创造了西周的成康之治、西汉的文景之治、唐代的贞观之治、清代的康乾盛世等引以为傲的罕见盛世。

在开元年间，唐玄宗任用贤能，改革官职，励精图治，使得唐中期的朝政趋于稳定。为了增强国力，加大财政收入，制订新的经济措施打击豪门士族，解放劳动力。大力发展农业，农民不再因过重的赋税举家外逃，而是积极性很高地从事耕作。四海之内，无论山川还是沟壑，都出现了一派牛耕农作的兴盛景象。随着农业的发展，商业、手工业及文化科技事业也随之繁荣发达起来。经过十几年的努力，唐玄宗终于把国家治理得日益富强。许多海外商人、使者慕大唐盛名而来，最远的波斯、大食（伊朗）都派使节来参观、访问以示友好，当时的唐朝已成为亚洲的经济、政治和文化中心，大唐达到了极盛时期。人们把唐玄宗统治的这一时期称为“开元盛世”。

盛世，其实就是民富国强所呈现的状态，是中国对富强的另一种概括，其表现就是经济发达、社会稳定、军队战斗力强、人民安居乐业，内外兼修。

中国古人的“民富论”

民富，在中国传统文化里是一种什么样的状态呢？孟子曾对想要治理好邦国的梁惠王说：“五亩之宅，树之以桑，五十者可以衣帛矣。鸡豚狗彘之畜，无失其时，七十者可以食肉矣。百亩之田，勿夺其时，数口之家，可以无饥矣。”这里说的五十岁、七十岁或是泛指，衣帛、食肉也可以视为一种指代，其实孟子所提出的正是人民生活中最重要的两层保障：丰衣和足食。

丰衣足食，这是生活富足的层面；而真正的富裕，还要追求生命富足的层面——也就是在物质富足之后的精神富足，也就是经济富足之后的文化富足。因此孟子随后马上说到了文教，他说：“谨庠序之教，申之以孝悌之义，颁白者不负戴于道路矣。”在孟子心中，给民众以教化，让大家懂得礼仪规范、仁义道理，这是民富的更高表现。《论语》也记载："子适卫，冉有仆。子曰：'庶矣哉。'冉有曰：'既庶矣，又何加焉？'曰：'富之。'曰：'既富矣，又何加焉？'曰：'教之。'"大意就是说，孔子看到卫国人口众多，就说，应当使人民富裕，富裕之后，就要给人以教育。就此，孔子提出了社会要经由民富而文昌的必要顺序。

国强：政治统一和军事完备

如果说，一国的财富，主要是由经济和文化组成的；一国的强盛，则主要是由政治和军事构成的。

首先是政治的强盛。这体现为对内的国家统一以及对外的国际影响力。中国历史上不断进行着合久必分、分久必合的循环，对江山一统的追求成为国家层面的战略，因为历朝历代的政府都深深认识到国家统一的重要性。疆土归一、政权稳定、民族团结，才能使国内资源形成合力，形成势不可挡的大国力量。纵观历史上长治久安的王朝，一定都是国家统一、疆域辽阔、民族相安的时代，比如汉、唐、明、清。因此，分裂祖国的行径是不被允许，也是不可饶恕的，因为国家分裂、政治飘摇，削弱的是民族的整体实力，损害的是每个人的生活保障，造成的是历史发展的困境甚至是倒退。

国力强大之后，其国际影响力也随之增强。中国古代社会希望达到的理想状态是“万国来朝”，这不是以对世界的称霸、对区域的强权为诉求，而是以“四海一家”、以“互通有无”为追求，是以自身的强大来赢得彼此尊重，是保护附属国家、优待远方友邦，是输出灿烂文化、给出丰富物资，而不是强势凌人、干涉他国内政，或者仗势欺人、贪婪开疆拓土。

其次是军事的强盛。军事强大的理想状态，应该表现为维持稳定的静态守备，而不是冲锋陷阵的动态进攻。兵强马壮，威仪赫赫，声名远播，令敌人不敢来犯，这就是“强军梦”的终极追求；而使家国沦陷于战火，并不是军队建设的本来目的。中国传统的“强军梦”，是“不战而屈人之兵”，是不战而胜、杜绝穷兵黩武；而一旦不可避免开战，又是“上下同欲者胜”的所向披靡，是为国效力、马革裹尸，是同仇敌忾、与子同仇。

政治的统一、军事的完备，这两方面共同构成了国家强盛。而国家强盛的内在自信和持久保障，又是以强而不霸、盛而不骄为智慧准则，这也是中国文化里中庸之道的体现。

变法自强：近代的曲折求索

近代我国的国门被列强打开之后，国家面临着亡国灭种的危机，许多先进的中国人开始了学习西方、寻求富强的伟大实践。慑服于西方的“奇技淫巧”、船坚炮利，早期洋务派认为应“以中国伦常名教为根本，辅以诸国富强之术”，开展“师夷长技以自强”的洋务运动，创办军事工业、兴建学堂船厂等，可是120年前甲午战争的惨败使其“求富”“自强”的梦想终归破灭。继之而起的是以康梁为首的维新派，主张学习西方的政法制度，要求“变法图强”，可惜“百日维新”仅是昙花一现。以孙中山为首的资产阶级革命派虽然推翻了清朝统治，开始实业救国，发展工商，但终因其软弱性和不彻底性而归于失败。领导中国人民探索国家富强之道，实现民族伟大复兴的责任，落在了中国共产党人的肩上，历经新民主主义革命、新中国成立、社会主义改造、改革开放等伟大的实践、探索，中国进入建设富强国家的新时期。

由此可见，一部中国近代史，就是一部中国人求强御侮的历史。其间所进行的诸多运动、革命，无一不让我们对富强的内涵及其辩证关系有着更深的理解和体认。

“中国梦”：每一个中国人的奋斗目标

富强是中国共产党成立以来始终如一的追求。1921年6月，“一大”召开前夕，《共产党》月刊第五号发表的《共产党在中国的使命》指出：共产党在中国有两大“使命”，一个是政治的，一个是经济的。政治的使命是用革命手段改造旧的政治制度，重建国家，而经济的使命就是用社会主义的方式来发展中国经济，实现国家的富强。

新中国成立后，毛泽东针对国家“一穷二白”、人民“生活水平低”、工业落后到连“一辆汽车、一架飞机、一辆坦克、一辆拖拉机都不能造”的现状，强调“中国民族和人民要彻底解放，必须实现国家工业化”。他认为，1840年以来的一百多年间的积贫积弱，“其原因，一是社会制度腐败，一是经济技术落后”。为此他提出了用50—100年左右的时间“使中国变成富强的国家”、使中国“变为一个强大的社会主义工业国”的设想。

改革开放以来，邓小平反复强调“贫穷不是社会主义”，强调“社会主义总要比资本主义优越。社会主义国家应该是使经济发展得比较快，人民生活逐渐好起来，国家也就相应地更加强盛一些”。

什么才是我们想要的富强？

富强是马克思主义唯物史观的内在要求。马克思主义唯物史观认为：“历史过程中的决定性因素归根到底是现实生活的生产和再生产。”创造物质财富的生产劳动构成社会历史发展的基础。只有生产力高度发达，社会财富丰裕，才有可能为消除旧式的社会分工、克服人的片面发展创造物质前提，才有可能为最终消除剥削制度和三大差别提供社会物质条件。

社会主义富强观，首先是共同富裕。什么是社会主义？“贫穷不是社会主义”，“两极分化也不是社会主义”，这是邓小平掷地有声的回答。我国古代先贤早就有“凡治国之道，必先富民”之说。按照马克思主义的道理，社会主义要创造更高的生产力，使社会财富极大涌流，人民享有高水平的物质生活和精神生活。特别是在中国这样贫穷落后的国家搞社会主义，最根本的任务就是发展生产力，并且在发展生产力的基础上不断改善人民的物质文化生活。

新中国成立以来，我们有过“大跃进”“一大二公”“文化大革命”等曲折的社会主义探索，最终确定了实行改革开放的总方针，坚持走科学发展的道路。共同富裕是社会主义的本质，它不等于同步富裕、同等富裕。这里涉及先富与共富的辩证关系。允许一部分人、一部分地区在兼顾效率与公平的原则下先富起来，这是实现共同富裕的途径和手段。30多年来，我们在致富、富民的道路上大步迈进，不仅使几亿中国人摆脱了贫困，也使整体的中国人均国内生产总值从100美元左右迅速增加到

5000多美元。

其次，富强既是经济概念，也是综合国力的概念。作为一个世界经济大国，要有相当的国家经济规模，这包括宏观经济总量的规模和微观企业的规模，也要有相当密切的国际经济联系，这包括对外贸易的联系和货币金融的联系。

当今世界国与国之间的竞争是以经济实力为基础的综合国力竞争。经济的富强是国家综合国力强大的基础，同时也需要政治、军事、文化、科技、教育等硬实力、软实力的发展和增强，才能使国家走向全面富强。换言之，一国除了是经济富国、强国之外，同时还是政治强国、军事强国、文化强国、科技强国、人才强国等，才真正称得上国家富强。

最后，富强体现的并不是弱肉强食的丛林法则，而是追求共享、共赢的新发展模式。改革开放以来，我们的综合国力日渐增强，经济实力已跃居全球第一方阵，我们的国际威望和国际地位在日渐提升，亿万中华儿女的荣誉感、优越感与日俱增。与此同时，中国承诺永远不称霸，而是将为世界和平和人类文明注入正能量，提供新模式。

国家富强关系到每个中国人

富强作为一种观念，是社会主义核心价值观的首要观念，是民主、文明、和谐观念，自由、平等、公正、法治观念，爱国、敬业、诚信、友善观念的基础，并与之密切联系、相互促进，共同构成社会主义核心价值观并从不同层面规范了核心价值观的要求。

富强的社会主义国家价值目标，必须渗透于国家行为和国家制度安排中才能真正有助于实现国家富强、民族复兴。中国特色社会主义是以经济建设为中心，经济建设、政治建设、文化建设、社会建设、生态文明建设协调发展的现代化建设。从国家层面来说，弘扬和践行社会主义富强观，就是要在推进国家治理体系和治理能力现代化的过程中实现富强、民主、文明、和谐的价值目标。要把实现国家富强同科学发展结合起来，追求共享、共赢的新发展模式，加强国家形象宣传，在国际上树立文明、富强的大国形象。

与之相应，我们以富强观念为首要观念，

同时规范和倡导社会主义核心价值观各方面的要求，把富强观的培育同社会和公民等层面的价值取向和价值准则结合起来。尤其要注意增强建设富强国家的使命感和责任意识，把实现个人理想和实现国家富强的中国梦结合起来，中国梦是民族的梦，更是每个中国人的梦。

以爱国主义为核心的民族精神和以改革创新为核心的时代精神是社会主义核心价值体系的精髓，要把弘扬和践行社会主义富强观融入其中，让公民形成国家富强、匹夫有责的使命感和责任感，国家富强的梦想只有在改革创新的时代潮流中才能真正实现。

结语

追求富强是近代以来中华民族梦寐以求的理想，也是中国特色社会主义理论体系的基本要求，反映了当代中国的核心主题。要把这样一个价值观内化为全民族的价值追求并反过来促进中国特色社会主义现代化强国建设的伟大实践、促进中华民族伟大复兴的中国梦的早日实现，需要经过数代人的接力奋斗，且必须坚持正确的导向和路径。

当代中国，比历史上任何时期更接近中华民族伟大复兴的梦想，如今我们正为实现“两个一百年”目标而不懈努力，艰苦奋斗。国家富强之梦永无止境，我们不能小成即满、小富即安，不能浅尝辄止、故步自封，依旧要怀揣梦想，砥砺前行。空谈误国，实干兴邦。我们要把智慧和力量集中在实干上，集中在艰苦创业的优良传统上，而不为任何风险所惧，不为任何干扰所惑，勇于攻坚克难，敢于迎难而上，打开中国发展新局面，开创中国道路新境界。

古今事典

古今事典
故事

商鞅强秦不法古

春秋战国是一个社会大变革时期，诸侯国林立，蓄蕴着争雄争霸的野心。一些国家纷纷变法图强，魏国因李悝变法逐渐富强起来，楚国的吴起变法在全国激起巨大波澜。

此时的秦国，在外面临的是诸侯征战日烈，军事压力日益增大；在内则是井田制瓦解、土地私有制产生和赋税改革都晚于其余六国，经济发展在七雄中最为萎靡。此时，如果秦国不抓住机遇进行改革，必然陷入不利的局面。危机当前，秦孝公以恢复秦穆公时期的霸业为己任，在国内颁布了求贤令，命国人、大臣速献富国强兵之策。

在魏国的商鞅听说求贤令之后，

便投奔秦国。他先后几次觐见秦孝公，取得了他的信任。最后一次，商鞅已经胸有成竹，与孝公畅谈富国强兵之策。这一次谈话，他们持续了多日。谈话结束之时，孝公对商鞅由衷敬佩，连称："吾国之兴指日可待也！"

但变法并没有想象中顺利。旧贵族认为要遵循古代的法礼，不得变易。商鞅针锋相对地指出，商汤、周武王正是因为不循古而振兴了国家，夏桀和殷纣正是因为不改变而走向灭亡。应当顺应时代潮流，不能固守旧礼。商鞅"治世不一道，便国不法古"的理论得到了很多人的赞同，为实行变法做了舆论准备。

由于刚到秦国，商鞅还没在老百姓中树立起威望。为此，商鞅琢磨出了一个办法。他在热闹集市的南门外竖起一根三丈高的木头，并贴出告示：若有人能把木头搬到集市北门，赏十金。围观的人很多，但谁也没去动那块木头。商鞅见状，又把价钱抬高。围观的人越来越多，却一直不见有人去抬。待提高到五十金时，一个小伙子为了给爷爷治病筹钱，遂壮起胆子把木头搬到了集市北门。商鞅立刻赏他五十金。百姓哗然，纷纷赞誉商鞅是个有信用

商鞅变法时徙木立信

的人。这就是历史上有名的“徙木立信”的故事。

变法遂轰轰烈烈地展开了。秦孝公命商鞅在秦国颁布了《垦草令》，拉开了变法的序幕。这部法令，以刺激农业生产，提高农业的社会认知度为主要内容，削弱贵族、官吏的特权，实行统一的税租制度， 大大促进了农业生产，为新兴地主阶级的快速壮大铲除了障碍。

《垦草令》在秦国成功实施后，秦孝公于公元前356年任命商鞅为左庶长，先后实行了两次变法。经济上，通过废井田，开阡陌，打破了原有的奴隶制生产关系，提高了土地的利用率，促进了封建经济的发展。政治上，以彻底废除旧的世卿世禄制、建立新的封建专制主义中央集权制和推行郡县制为重点，中央集权制度的建设从此开始。军事上，奖励军功，实行军功爵制，秦国军队的战斗力由此大大增强。

通过商鞅变法，秦国经济昌盛，政治稳定，军事战斗力让诸国为之瞩目，从此走上了富强之路，为日后统一六国打下了坚实的基础。

轻徭薄赋成就『文景之治』

西汉初年，由于历经多年的战乱，社会动荡不安，经济损耗严重，国家物资极度匮乏，连皇帝也坐不上四匹纯色马拉的车子，将相们只能坐牛车。因此，恢复和发展经济成为巩固统治的当务之急。

汉初的几任皇帝面对眼前这个百废待兴的江山，下定决心励精图治，以谋富强。文帝、景帝笃信“黄老之学”，他们以清静不扰民为原则，鼓励农民发展生产，注意减轻人民负担，常颁布减省租赋诏令。从汉高祖即位到汉景帝后元三年的66年间，西汉王朝实行的是中国古代堪称典范的轻徭薄赋政策。文帝曾两次“除田租税之半”，并从公元前167年起，连续免除全国田赋长达11年。在这期间，农民身上的农业税负担消失。不仅如此，文帝、景帝还多次下令劝课农桑，每年春耕时，亲自下地耕作，给百姓做榜样。

文景时期吸收秦亡的教训，重视“以德化民”，减轻刑罚。文帝在高祖、吕后改革的基础上，对秦代的严刑峻法又做了重大调整，使得政清民和，社会安定，“人人自爱而重犯法，先行仁义而后绌耻辱焉。当此之时，网疏而民富”。可以说，这是古代中国历史上最为和谐的时代之一。

文帝、景帝两代对周边少数民族也采取友好安抚的政策，不轻易动兵，尽力维持相安的关系，以免耗损国力。吕后时，南越王赵佗自立为帝，与汉王朝分庭抗礼。文帝即位后，为了天下相安，为赵佗修葺祖坟，尊宠赵氏昆弟，并派陆贾再度出使南越，感化赵佗，使其最终归附汉王朝。文帝又与匈奴定和亲之约，此后匈奴虽背约屡犯边境，但文帝只是诏令边郡严加备守，并不兴兵出击，以免烦扰百姓。这种做法既起到了“御胡”的作用，也减轻了百姓的徭役。

汉文帝和汉景帝画像

在生活方面，文、景二帝仁慈恭俭，以俭约节欲自持。文帝在位23年，宫室苑囿、车骑服御之物都没有增添。因为文帝提倡俭约，所以当时的国家财政开支有所节制和缩减，王公贵族也不敢滥肆搜括、奢侈无度，从而减轻了人民的负担。

这一系列“轻徭薄赋”“休养生息”政策，使得百姓“无内外之徭，得息肩于田亩”，天下殷富，国家财政充实。由于经济得到发展和繁荣，“太仓有不食之粟，都内有朽贯之钱”，至汉武帝即位时，国家财政又上了新台阶。司马迁在《史记·平准书》中记载，只要不遇水旱之灾，百姓总是人给家足，郡国的仓廪堆满了粮食。大仓里的粮食由于陈陈相因，致腐烂而不可食，政府的粮仓有余财，京师的钱财有千百万，连串钱的绳子都朽断了。这是对当时富足程度的形象性表达，也是被史家称颂的“文景之治”。

诸葛亮两论戚戚之心

刘备建蜀后，经常举行宴会，大宴群臣。有次宴会上，刘备忽然发现诸葛亮脸上有愁容。

刘备便问："孔夫子说君子坦荡荡，小人长戚戚。我想这大概是说君子胸怀坦荡，小人经常忧愁吧。在我们蜀国，最能称得上君子的应该是丞相你了，可丞相为什么忧愁呢？"

诸葛亮便站起来说："我们蜀国刚成立不久，制度法律等各方面还不太健全；国家尚不富裕，百姓还不富足。我们还有很多事要做。建国是天大的喜事，陛下的心情我能理解，但如果陛下沉湎于享乐，那我们蜀国谈何发展，如何富强？这是我忧虑的，也是在座所有人应该忧虑的，我觉得在富国强民这一方面，戚戚之心应该人人都有。”

刘备顿悟，当即撤掉酒席，转而跟文武百官谈论起如何发展国家的事务。

时隔十多年，后主刘禅也同诸葛亮谈起戚戚之心。有一次，选曹郎陈祇收受贿赂，诸葛亮准备严查此事，但刘禅比较欣赏陈祇的才学，有意袒护陈祇。刘禅说：“圣人有云，君子坦荡荡，小人长戚戚。从这句话看，君子应该胸怀宽广能容忍，只有小人才会抓住别人错误不放。相父您是翩翩君子，堂堂一国之相，何必计较一个小小选曹郎的过错呢？”

诸葛亮勃然大怒：“宽广大度要看情况讲原则，生活上的错误可以宽容，但违反法制的事，无论大小都不能原谅。如果对违法乱纪的人不严肃处理，反而听之任之、帮他开脱，久之，将无法约束，当政者必将失信于天下，蜀国也必将重蹈汉亡的覆辙。臣以为，在治理国家、监察官员这一方面，要常怀戚戚之心、斤斤计较，如此才能固国安民。”

刘禅听了诸葛亮的谏言，霍然变色，马上对陈祇行了严肃处理。

洋务运动的自强求索

第二次鸦片战争后，外国侵略者从中国掠夺了大量的白银和土地，并且强迫清政府签订一系列不平等条约，获得经济贸易特权。在清朝统治者集团中，一些头脑比较清楚的当权者时刻感受到外国侵略者坚船利炮带来的长远威胁。不仅如此，他们还面临着太平天国起义军想推翻清政府的内部动乱。为了继续维护清政府的统治，也为了能和外国侵略者相抗衡，他们觉得必须使中国富强起来，而达到这个目的的途径，就是学习西方列强的技术。在这样的背景下，洋务运动产生了。

1861年底，以曾国藩、李鸿章、左宗棠为主的洋务派拉开了洋务运动

主张“师夷长技以制夷”的洋务派大臣

的序幕。洋务运动，又称自救运动、自强运动，分为前期、后期两个阶段。在洋务运动前期，洋务派代表提出了“师夷长技以自强”的口号，在全国开展工业运动；后期，洋务运动以“求富”为口号，增加了很多民用工业部门。

洋务运动前期，洋务派官员主要的活动就是兴办军事工业。他们认为，治国要做到自强，自强以练兵为主，而练兵又主要建立在制造兵器的基础上。因此，他们先后创办了安庆内军械所、江南制造总局、福州船政局等。其中，江南制造总局是晚清中国最重要的军工厂，是清政府洋务派开设的规模最大的近代军事企业，也是近代最早的新式工厂之一。它成立于1865年9月20日，厂址在上海，由李鸿章负责打理。它从创办之初就不断得到扩充，先后建立了十几个分厂，解决了2800多个工兵的就业问题。它可以制造枪炮、弹药、轮船、机器等，功能强大。江南制造总局对于清政府的军事力量和重工业生产都起到了提升作用。

洋务运动后期，为了达到“富”的目的，洋务派创办了不少民用工业。其中，最具代表性的是兰州织呢局，由左宗棠建立，是近代中国第一家毛织厂。织呢局分为三个部分：东部纺线、织呢，西部染毛和整染，中部机修、办公等。它发展坎坷，曾经历过一次爆炸而停工，后恢复生产，但是原来的东、西、中三部分只剩下中部，之后又经历战争，到1951年停办。民用工厂的创办，在一定程度上促进了我国手工业的发展。

不仅如此，洋务派还借鉴了西方的教育方针，开办了一些新式学堂，其中有外语学堂、科技学堂、军事学堂等，为清政府培养专门人才。他们还派出不少学生到国外留学，吸收西方先进的科技，以发展国内的科学技术。

虽然洋务运动最终以失败告终，但是它追求国家富强的决心仍旧值得借鉴。并且，洋务运动引进西方优秀的技术，促进了国人思想的开放，加速了中国的现代化进程。

撤侨背后的国力彰显

随着中国的和平崛起，中国政府在维护海外中国公民的生命安全和合法权益上，越来越表现出大国风范和气魄。近几年，由国家组织的撤侨行动多了起来，不但华侨，出去旅游的内地公民、港澳台同胞也颇受惠。包括海湾战争、东帝汶骚乱、黎巴嫩与以色列的武装冲突、汤加骚乱、乍得内战、海地地震、吉尔吉斯斯坦骚乱、埃及骚乱，中国政府都派机接人。重大的突发事件往往是对一个国家全方位的检验：政治、经济、外交、文化传统甚至国民性。在这种紧急行动中的表现，中国政府受到了国际的瞩目和赞扬。

2011年，持续一个多月的利比亚

乱局演变为西方武力支持下的反对派与政府军的内战，造成多达几十万的利比亚难民潮。令全球华人感到欣慰的是，在利比亚乱局初现之时，中国政府万里大营救，以前所未有的总动员，将所有的中国人安全撤离回国。在短短的12天内，中国政府动用91架次中国民航包机、35架次外航包机、12架次军机，租用外国轮船11艘、货轮5艘、军舰1艘，成功实现了大撤侨！

此次3.3万人的撤侨行动规模，是冷战结束以来中国最大的一次撤侨行动，撤侨总人数超过了以往所有各次的总和。令外界瞩目的是，中国还派出一艘海军导弹护卫舰“徐州”号保护数以千计的侨民乘船撤离利比亚。这是中国第一次动用海军开展这种人道主义行动。英国《泰晤士报》网站称，正在亚丁湾执行打击海盗任务的“徐州”号迅速受命赶赴地中海，说明中国军队的灵活性和它从母港远距离出兵的能力迅速增强。

整个过程还体现了中国人特有的高效、灵活以及东方味道的智慧。有不少专家认为，这次从利比亚撤侨，体现出中国政府良好的国际关系和外交斡旋能力。在力所能及的情况下，

强大的祖国是中国公民的后盾

本着人道主义精神，中国还帮助12个国家撤出了2100名外籍公民！

美国外交关系委员会网站2011年2月24日发表了中东问题专家艾略特·阿伯拉姆斯题为《谁是超级大国？来自利比亚的教训》的文章，认为中国比美国的“含蓄及谨慎”更像一个“超级大国”。

毫无疑问，空前规模的利比亚大撤侨，再次验证了中国模式的成功。在利比亚撤侨的背后，我们看到一个日益强大的中国，那是所有海外华侨华人的避风港。

从1978年到2015年底，我国各类出国留学人员累计达404.21万人。其中126.43万人正在国外进行相关阶段的学习和研究；277.78万人已完成学业；221.86万人在完成学业后选择回国发展，占已完成学业群体的79.87%。而据教育部留学服务中心发布的《2012年万名留学人员回国就业报告》显示，2012年回国留学生中拥有硕士学位者近80%，专业以管理学、经济学、理学和工学4个学科为主，回国留学生人数最多的3个国家依次是英国、美国、澳大利亚。这些数据表明，中国正从“智力流失期”过渡到“智力回流期”。

2011年至2012年，黄兆丰在英国

利兹大学攻读电气工程研究生，2012年9月回到中国，目前在一家国企任职。他说，2012年对于想在英国找工作的中国留学生而言，极为“惨淡”。彼时，英国政府已经出台规定，要求当地企业尽可能先满足英国本地人的求职需求，并于当年4月取消了留学生的工作签证。“其实我也不是很在乎在英国获得一份工作。”黄兆丰说，“当时跟我一同去英国留学的有二三十个同学，现在大家都回国了。”

同是英国留学生，26岁的孙玥是英国一所大学的管理硕士，毕业后他选择了回国发展。如今，他和朋友一起经营着一家名为“黄太极”的传统美食店，这家售卖煎饼果子的小店最近获得了一笔风投资金。孙玥的梦想是：“希望能把传统美食做到上市，希望能开到全国每个城市，也许明年就能开到纽约的时代广场。”

而相较于当下遭遇海外就业难的中国留学生，1999年就出国留学的徐冰如则是主动放弃在澳大利亚的稳定工作，几年前回到上海，目前在上海一家金属对外出口公司从事管理方面的工作。他说：“我觉得上海的发展速

海外学子纷纷回国发展

度很快，机会很多……在这里，更接近我的理想。”

孙玥和徐冰如这样学成之后主动回国的并非个例。来自教育部的最新统计显示，改革开放30多年来，中国出国留学总人数已达到了404.21万人，其中72.83%学成后回国发展。2013年，我国各类留学回国人员总数达35.35万人，是同期出国留学人数的85.4%。在择业上，职业发展空间是留学回国人员选择就业机构最优先考虑的要素，其次是就业地区和薪酬福利。

中国迅速崛起的经济实力，蕴藏着良好的发展势头。出国留学的学子中，有越来越多的人选择回国就业。具备国际视野的他们，看到了当今中国强大的经济实力和强劲的发展潜力。2008年的世界金融危机，导致西方各国的经济遇阻，就业难已经成为世界难题。与之相比，中国的经济发展一枝独秀，不少职位急需大量高等人才。回流的“海归”正好补充了这个空白。

有专家预测，未来几年，中国将迎来回国人数比出国人数多的历史拐点，中国将从世界最大的人才流出国，转变为世界最主要的人才回流国。

古今事典
用典

济济多士，文王以宁

【原典】

文王在上，于昭于天。周虽旧邦，其命维新。

有周不显，帝命不时。文王陟降，在帝左右。

…………

世之不显，厥犹翼翼。思皇多士，生此王国。

王国克生，维周之桢。济济多士，文王以宁。

——西周《诗经·大雅·文王》

【释义】

《文王》出自《诗经·大雅》，歌颂周王朝的奠基者文王姬昌的道德功绩，并宣扬周朝取代殷商的“天命”。朱熹《诗集传》称：“周公追

周文王

述文王之德，明周家所以受命而代商者，皆由于此，以戒成王。”指明此诗创作于西周初年，作者为周公。后世多从此说。

“思皇多士，生此王国。王国克生，维周之桢。济济多士，文王以宁。”说的是周文王尊贤礼士，贤才济济，所以国势强盛。汉高祖刘邦在《大风歌》中咏叹：“大风起兮云飞扬，威加海内兮归故乡，安得猛士兮守四方。”其同样渴求治国安邦的良才，堪称周公的远年知音。习近平同志在《在中国科学院第十七次院士大会、中国工程院第十二次院士大会上的讲话》等文中引用。

诚然，千秋基业，人才为先，21世纪最珍贵的资源就是人才。推进改革发展大业，实现民族复兴，人才越多越好，本事越大越好。古人云，千里马常有，而伯乐不常有。我国是一个人力资源大国，也是一个智力资源大国。用好这么丰富的人才资源，在思想上要尊重人才、求贤若渴，像周文王那样尊贤礼士、深得人心，使之成为一种社会风气、一种价值追求，才能感召人才、吸引人才。在体制机制上，需要建立发现人才、培育人才、凝聚人才的一整套有效制度，为各类人才各展所学、各尽其能打造坚实的舞台。栽好梧桐树，引得凤凰来，持之以恒地做好人才工作，才能培养造就规模宏大、结构合理、素质优良的人才队伍，为事业发展提供有力支撑、注入强大活力。

众志成城

【原典】

众志成城，众口铄金。

——春秋·左丘明《国语·周语下》

【释义】

众志成城指的是万众一心，坚如城墙，形容团结一致就能克服困难。传说春秋末年，周景王打算铸一口大钟，单穆公劝阻说："这么大的钟，声音一定非常响，敲起来震耳欲聋，哪里还有音乐的美感呢？再说，造大钟要耗费许多钱财，要征集许多工匠，大大加重了老百姓的负担。得罪了老百姓，国家就有危险了呀！请大王谨慎从事！"

周景王想取得司乐官州鸠的支持，谁知州鸠说："音乐的声音有大

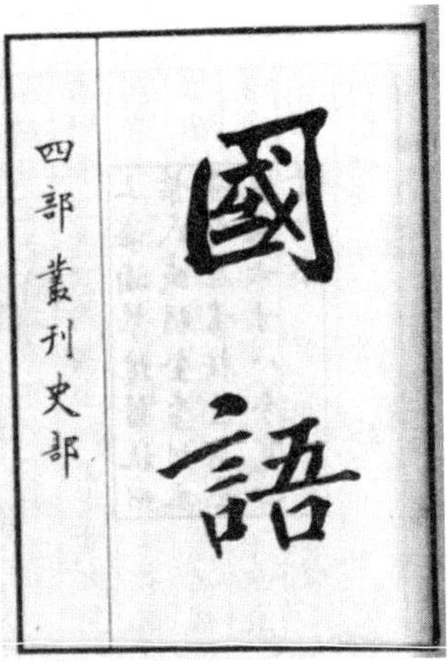

《国语》册页

小、轻重之分，各有各的界限，超过了界限，金石丝竹的声音就不和谐。以音乐的标准来衡量，您铸造大钟是不合适的；以国家和百姓的利益来衡量，您的做法就更不合适。”

周景王却一意孤行。第二年大钟造成了，乐人纷纷夸大钟的声音很和谐很好听。周景王叫来司乐官州鸠说：“你不是说大钟的声音不会好听吗？可是，现在它的声音却很和谐啊！”

州鸠严肃地答道：“不，陛下，您错了，造大钟，要老百姓都拥护都欢迎，才叫和谐。

现在，国家花费了巨资，老百姓也怨声载道，这能算和谐吗？办任何一件事，凡是百姓赞成的，就一定能成功，凡是百姓反对的，就一定要失败。这叫作‘众志成城，众口铄金’！”两年后，周景王死了，老百姓都说这是他违背民意而受到的惩罚。

在遥远的几千年前，众志成城得到了体现，而在社会发展加速的今天，人们依然没有忘记继续发扬这种精神的艰巨而又光荣的任务。中国是个多灾多难的国家，一次次大地震将温馨的家园摧毁、秀美的田园荒废。然而多难兴邦，在灾难面前，中华儿女擦干眼泪，更加坚强，团结一致，在废墟上重建家园。“众志成城”，这四个字在当代仍展现得淋漓尽致！

同舟共济

【原典】

夫吴人与越人相恶也，当其同舟而济，遇风，其相救也如左右手。

——春秋·孙武《孙子·九地篇》

【释义】

同舟共济就是同乘一条船过河，比喻在困境中同心协力，克服困难。

这个成语典故出自春秋末期，当时齐国人孙武协助吴王阖闾训练军队，并指挥吴国的军队打败了强大的楚国，使吴国威震诸侯。他写的《孙子兵法》是著名的军事学著作。

一次有人问他："怎样布阵才能不被敌人击败呢？"孙武说："你如果打蛇的脑袋，它会用尾巴反击你；你去打蛇的尾巴，它又会用头部来袭

孙武画像

击你；你如果打蛇的腰部，它就用头、尾一齐来攻击你。所以善于布阵的将才，也要将军队摆成蛇一样的阵势，头尾能互相救援，使全军形成一个整体，前、中、后彼此照应，才不会被敌人击溃、打散……”

那人又问：“那么军队的将士们能做到像蛇那样，首尾合成一体，遇敌互相救援吗？”孙武说：“这是不必担心的。战场是生死之地，战争迫使军队必然齐心协力。比如两个仇人，平日恨不得彼此吃了对方。但是他们同乘上一条船渡海，遇到了狂风恶浪，眼看就有葬身海底的危险，他们也会忘记旧仇，同心协力与风浪搏斗以避免船翻人亡的。连仇人在危险之时尚能同舟共济，何况没有冤仇、兄弟情深的将士呢？所以军队必然会像蛇一样成为一个整体，首尾相顾，彼此救援的。”

卧薪尝胆

【原典】

越王勾践返国，乃苦身焦思，置胆于坐，坐卧即仰胆，饮食亦尝胆也。

——西汉·司马迁《史记·越王勾践世家》

【释义】

卧薪尝胆，常用来形容刻苦自励，发愤图强。这个典故的主人公就是春秋末年的越国国君勾践。

公元前494年，勾践听说吴王夫差日夜调集军队，准备进攻越国，就决定先发制人，派兵偷袭吴国。不料，遭到了吴军精锐部队的拼命抵抗，越军损失十分惨重。越王勾践只得带领残余部队退守会稽。可是，吴王夫差率军乘胜追击，把会稽围得水泄不通。大军压境的形势下，勾践为了保

越王勾践卧薪尝胆

住越国不被吴国灭亡，只得派人带着丰厚的礼物向吴王夫差认罪求和，表示只要吴王夫差答应不灭掉越国，他本人和夫人及大臣范蠡都宁愿到吴国给吴王做奴仆。与此同时，勾践又派大臣文种携带珠宝、美女贿赂吴王身边的大臣伯嚭，请他在吴王面前多进美言。吴王夫差见越国已是不堪一击，又见勾践低声下气地恳请求和，便答应了越王的请求，带兵撤回了吴国。

吴越议和之后，越王勾践命文种守国，自己带着夫人和范蠡来到吴国都城服役。他像奴隶一样，见到夫差毕恭毕敬，给夫差洗马，扫院子，舂米、推磨……就这样苦熬了三年。这时夫差觉得勾践完全臣服了自己，便在大臣伯嚭的怂恿下，释放勾践回国。

勾践回国之后，不辞劳苦，勤于国事，苦思冥想报仇雪耻之策。为了不让安逸的生活消磨自己的斗志，他不再到宫中睡觉，而是睡在点火用的木柴和稻草堆上；不再吃山珍海味，只吃粗茶淡饭。为了鞭策自己不忘国耻，他在桌子上面悬了一颗苦胆。每天吃饭的时候，便先尝尝苦胆的滋味。随从痛心地问他："国君，这样的生活您难道能忍受吗？"

勾践回答说："不这样磨炼自己的意志怎么行呢？请你们以后经常提醒我，喊一声'你忘了在会稽蒙受的耻辱吗？'使我永远记住亡国之痛，辱身之恨！"

勾践制定了一个"十年生聚，十年教训"的计划，抚慰人民，聘请贤才，惩治贪官，整编军队，开源节源，聚积力量。他本人也亲自耕织。这样，越国人心振奋，生产发展，兵强马壮，国家一天天走向繁荣富强，报仇雪耻的条件日益成熟。

公元前482年，吴王夫差为了称霸中原，

挥师北上，将精锐部队调去进攻北方的齐国，只留下太子带着一些年老体弱的士兵留守国内。勾践见报仇雪耻的时机已到，立即带领49,000名精兵大举进攻吴国，杀死吴国太子。吴王夫差在黄池听到噩耗，肝胆俱摧，惶恐不安，只好低声下气地向越求和。

越王勾践打了胜仗之后，并没有沾沾自喜，他依然牢记那次失败的教训，牢记北方还有强大的敌人，依然卧薪尝胆，努力奖励耕织，加紧操练军队，增强国家的经济实力和军事实力。四年之后，越国又兴兵攻吴，终于彻底击败了吴国，逼得吴王夫差在姑苏山上自杀身亡。勾践最终实现了报仇雪耻的宏愿。

越王勾践在国破家亡的困难境地，不为困境所屈服，卧薪尝胆，自强不息，两千多年来，激励了众多的志士仁人发愤图强，百折不回。

励精图治

【原典】

宣帝始亲万机，励精为治。

——东汉·班固《汉书·魏相传》

【释义】

励精图治的意思是振奋精神，设法治理好国家。

西汉时期，大将军霍光大权在握，把年幼的刘询立为皇帝。霍光趁此机会把自己的亲朋好友都调到朝廷，一一委任重要官职，对那些反对他的大臣，一律加以排挤。

霍光的亲朋好友都担任了要职，形成了霍氏家族集团。霍光的妻子为了使小女儿成为皇后，竟买通了女医官淳于衍，毒死了许皇后。霍光知道后，隐瞒事实真相，利用职权庇护淳于衍，使汉宣帝蒙在鼓中。霍光死后，汉宣帝采纳了御史大夫魏相的建议，收回了朝政大权。后来，霍光的妻子指使淳于衍毒死许皇后的罪行被查明，汉宣帝大怒，采用魏相的意见，把霍氏家族成员的官职全部罢免。

霍皇后十分恐惧，满腹怨恨，对魏相恨之入骨，多次在皇太后面前哭诉。后来霍氏集团企图假借皇太后的旨意，杀掉魏相，废掉汉宣帝。汉宣帝知道后，勃然大怒，下令将霍氏满门抄斩，彻底清除了隐患。

从此后，汉宣帝开始亲自处理国家大小事情，大展宏图，励精图治。他严格考核各级官员的政绩，核查实情，任用贤才。丞相魏相辅佐他，领着大小官员认真履行各自的职责，汉宣帝对他非常信任。国家很快繁荣昌盛，出现欣欣向荣的景象。

万众一心

【原典】

万人一心，犹不可当，况十万乎！

——南朝宋·范晔《后汉书·朱儁传》

【释义】

万众一心原意就是千万人一条心，形容团结一致。

东汉末年，爆发了黄巾大起义。汉灵帝派出军队镇压。朝廷派出的朱儁率部在宛城城外堆了一座比城墙还高的山丘。朱儁登上土丘细细观察宛城起义军将领韩忠的军事部署，发现城东北的守备比较空虚。第二天，朱儁让一支兵马佯攻宛城西南，故意把战鼓擂得震天响，吸引韩忠增兵西南，自己却带领主力急攻城东北，乘虚拿下了外城。

朱儁不理会韩忠的谈判要求，加紧围攻内城，可一连几天都遭到了起义军的有力抵抗。攻城屡屡受挫，朱儁又登上外城城墙向内城眺望，接着，下命令叫部队后撤几里。撤退后不久，城内守军纷纷冲出城外，试图突围，朱儁的兵马乘机从侧翼杀过来。韩忠不备，再退回内城已来不及，起义军只得四散而逃，伤亡很大。

事后，朱儁的部下问他用的什么计谋，他得意地说："我从高处看得很清楚，内城十分坚固，城内尽是守兵。他们想谈判谈不成，想突围又出不去，这不是逼着他们万众一心跟我军拼命吗？一万个人齐了心尚且势不可挡，何况他们有十万人马呢！倒不如先缓一缓，暂且松动一下包围圈，让他们产生突围的念头，然后乘乱杀上去，那他们的士气也就瓦解了。"

尽忠报国

【原典】

公等备受朝恩，当尽忠报国。

——唐·李延寿《北史·颜之仪列传》

【释义】

尽忠报国就是竭尽忠诚，报效国家。很多人以为“尽忠报国”的典故是岳飞，其实最早出自南北朝。南北朝时期，北周有一位正直忠诚的大臣名叫颜之仪。当时北周势力强大，多次南下攻城掠地，掳回大批俘虏和百姓。周宣帝不按国家法令办事，刑政混乱，随意发布命令。颜之仪见此情形，直言劝谏，有时语气很严厉。周宣帝对他非常反感，有一次还想杀他。朝中大臣们一齐为颜之仪求情，周宣帝才饶恕了他。

周宣帝当皇帝不到一年就死了，年幼的周静帝接位。这时朝廷大臣刘昉、郑泽想让战功卓著、大权在握的外戚将军杨坚做丞相，辅佐周静帝，却又担心大臣们不服，就伪造了周宣帝的遗诏，请颜之仪签署发放。颜之仪知道周宣帝生前没有留下这样的旨意，坚决不肯签署伪造的遗诏。杨坚听说后，十分生气，便叫刘昉把起草好的诏书给颜之仪送去，颜之仪义愤填膺，指着刘昉骂道："如今皇上崩驾，新主年幼，你们备受朝恩，当尽忠报国，为什么偏偏要把皇室大权送给别人！我颜之仪唯有一死而已，不能欺骗、背叛先帝！"刘昉见颜之仪不肯屈服，就代替他签署了遗诏。杨坚当权后，颜之仪被贬到西疆当郡守去了。

邦之兴，由得人也

【原典】

臣观前代邦之兴，由得人也；邦之亡，由失人也。得其人，失其人，非一朝一夕之故，其所由来者渐矣。天地不能顿为寒暑，必渐于春秋；人君不能顿为兴亡，必渐于善恶。善不积，不能勃焉而兴；恶不积，不能忽焉而亡。

——唐·白居易《策林·辨兴亡之由》

【释义】

《策林》是唐代诗人白居易于元和元年（806年）参加制举试前，拟作的一部时事论文集，共75篇。《策林》从时务政治出发，主要探讨为君为圣之道、施政化民之略、求贤选能之方、整肃吏治之法、省刑慎罚之

白居易行吟图

术、治军御兵之要等八方面问题。

上面这段话出自《策林》之十四《辨兴亡之由》。意为：国家兴盛，在于拥有人才；国家灭亡，则是因为丧失人才。得人也好，失人也好，都不是一朝一夕所致，而是长期发展变化的结果。“其所由来者渐矣”的“渐”，是一个量变过程，但量变会引起质变。白居易警告说，用人上的不正之风长期存在，久而久之，必然导致严重后果。

中国是人才思想产生最早的国家。《毛诗序》中有：“君子能长育人材，则天下喜乐之矣。”《诗经》中还有“济济多士，文王以宁”“四国无政，不用其良”的诗句。孟子认为“尊贤”是治国之本，指出国家“不用贤则亡”“不信仁贤，则国空虚”，将能否任用贤才提升至国家存亡的高度来认识。

习近平在《在河北参加省委班子专题民主生活会时的讲话》等文中引用。祸患常积于忽微，在用人方面同样如此。习近平同志除了引用这句古语说明用人上不正之风的危害，他还引用了一个鲁迅关于雷峰塔的论述：雷峰塔是怎么倒掉的？就是因为去捡砖的人太多，今天你拿一块，明天他拿一块，最后塔就轰然倒掉了。倒下来是顷刻之间的事，但过程是渐进的。有的事，总觉得不是燃眉之急，但恰恰是危亡之渐。所以，对于那些“有天线”“搭天线”跑官要官的，凭关系、凭感情选人用人的，哪怕是极少数例子，都不能等闲视之。试想：如果德才平平、投机取巧的人屡屡得到提拔重用，而踏实干事、不跑不要的干部却没有进步机会，谁还有心思踏实工作呢？

为政之要，莫先于用人

【原典】

为治之要，莫先于用人，而知人之道，圣贤所难也。是故求之于毁誉，则爱憎竞进而善恶浑殽；考之于功状，则巧诈横生而真伪相冒。要之，其本在于至公至明而已矣。为人上者至公至明，则群下之能否焯然形于目中，无所复逃矣。苟为不公不明，则考课之法，适足为曲私欺罔之资也。

——北宋·司马光《资治通鉴·魏纪五》

【释义】

《资治通鉴》是北宋司马光主编的一部长篇编年体史书，书名意为"鉴于往事，有资于治道"。关于为政用人问题，司马光主张："为治之

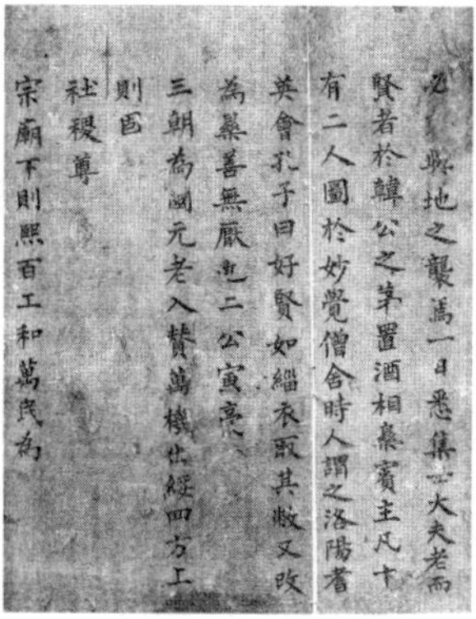

司马光书法

要，莫先于用人。”意思是，治理国家的关键，首推用人。

司马光认为，识别人才的根本在于领导者是否至公至明。领导者至公至明，那么下属有无能力便会一目了然；如果不公不明，那么考核机制必将成为徇私、欺骗的凭借。

古代汉语中“为政”“为治”语义相同。如唐太宗的“为政之要，惟在得人”，把“人”视为“为政”的关键。而司马光则把“人”视为“为治”的关键。

在全国组织工作会议上的讲话中，习近平同志用“尚贤者，政之本也”“为政之要，莫先于用人”两句名言，阐述在治国理政上用人的重要性。实现我们的各项目标任务，关键在党，关键在人。关键在党，就要确保党在发展中国特色社会主义历史进程中始终成为坚强领导核心；关键在人，就要建设一支宏大的高素质干部队伍。就像习近平同志不断强调的，选什么人就是风向标，就有什么样的干部作风，乃至就有什么样的党风，“用一贤人则群贤毕至，见贤思齐就蔚然成风”。试想，那些善于侃大山、摆龙门阵的虚浮干部，如果凭借形象工程、政绩工程、弄虚作假、跑官卖官而得到提拔，踏实干事的干部又将情何以堪？只有让实干者入位，让空谈者靠边，更多时代好干部才会脱颖而出。对领导干部而言，要认真思考“怎样才是好干部、怎样成长为好干部”；而对组织工作者来说，还要思考“怎样把好干部选出来、用起来”。

文心启思

文心启思
文录

治国之道，必先富民

◎管仲

凡治国之道，必先富民。民富则易治也，民贫则难治也。奚以知其然也？民富则安乡重家，安乡重家则敬上畏罪，敬上畏罪则易治也。民贫则危乡轻家，危乡轻家则敢凌上犯禁，凌上犯禁则难治也。故治国常富，而乱国常贫。是以善为国者，必先富民，然后治之。

昔者，七十九代之君，法制不一，号令不同，然俱王天下者，何也？必国富而粟多也。夫富国多粟生于农，故先王贵之。凡为国之急者，必先禁末作文巧，末作文巧禁则民无所游食，民无所游食则必农。民事农则田垦，田垦则粟多，粟多则国富。国富者兵强，兵强者战胜，战胜者地广。是以先王知众民、强兵、广地、富国之必生于粟也，故禁末作，止奇巧，而利农事。今为末作奇巧者，一日作而五日食。农夫终岁之作，不足以自食也。然则民舍本事而事末作。舍本事而事末作，则田荒而国贫矣。

凡农者月不足而岁有余者也，而上征暴急无时，则民倍贷以给上之征矣。耕耨者有时，而泽不必足，则民倍贷以取庸矣。秋籴以五，春粜以束，是又倍贷也。故以上之证而倍取于民者四，关市之租，府库之征粟十一，厮舆之事，此四时亦当一倍贷矣。夫以一民养四主，故逃徙者刑而上不能止者，粟少而民无积也。

嵩山之东，河汝之间，蚤生而晚杀，五谷之所蕃孰也，四种而五获。中年亩二石，一夫为粟二百石。今也仓廪虚而民无积，农夫以粥子者，上无术以均之也。故先王使农、士、商、工四民交能易作，终岁之利无道相过也。是以民作一而得均。民作一则田垦，奸巧不生。田垦则粟多，粟多则国富。奸巧不生则民治。富而治，此王之道也。

不生粟之国亡，粟生而死者霸，粟生而不死者王。粟也者，民之所归也；粟也者，财之所归也；粟也者，地之所归也。粟多则天下之物尽至矣。故舜一徙成邑，二徙成都，参徙成国。舜非严刑罚重禁令，而民归之矣，去者必害，从者必利也。先王者善为民除害兴利，故天下之民归之。所谓兴利者，利农事也；所谓除害者，禁害农事也。农事胜则入粟多，入粟多则国富，国富则安乡重家，安乡重家则虽变俗易习、驱众移民，至于杀之，而民不恶也。此务粟之功也。上不利农则粟少，粟少则人贫，人贫则轻家，轻家则易去，易去则上令不能必行，上令不能必行则禁不能必止，禁不能必止则战不必胜、守不必固矣。夫令不必行，禁不必止，战不必胜，守不必固，命之曰寄生之君。此由不利农少粟之害也。粟者，王之本事也，人主之大务，有人之涂，治国之道也。

（节选自管仲《管子·治国》，标题为编者所拟）

【译文】

大凡治国的道理，一定要先使人民富裕，人民富裕就容易治理，人民贫穷就难以治理。何以知道是这样？人民富裕就安于乡居而爱惜家园，安于乡居而爱惜家园就恭敬君上而畏惧刑罪，恭敬君上而畏惧刑罪就容易治理了。人民贫穷就不安于乡居而轻视家园，不安于乡居而轻视家园就敢于对抗君上而违犯禁令，对抗君上而违犯禁令就难以治理了。所以，治理得好的国家往往是富的，而治理得不好的国家必然是穷的。因此，善于主持国家的君主，一定要先使人民富裕起来，然后再加以治理。

从前，历代的君主，法度不一，号令不同，然而都能统一天下，这是什么原因呢？必定是国富而粮多的缘故。国富粮多来源于农业，所以先代圣王都是重视农业的。凡属于治国之急务，一定要先禁止奢侈性的工商业和奢侈品的制造，禁止了这些，人民便无法游荡求食，人民无法游荡求食，就只好从事农业。人民从事农业则土地得到开垦，土地得到开垦则粮食增加，粮食增加则国家富裕，国家富裕则兵力强大，兵力强大则战争取胜，战争取胜则土地广阔。因此，先代圣王懂得人口多、兵力强、国土广和国家富都一定来源于粮食，因而都禁止奢侈性的工商业和奢侈品的制作，以利于发展农业。现今从事奢侈性的工商业和奢侈品制作的人，干一天可以吃用五天。

农民终年劳动，却不能维持自家生活。这样，人民就放弃农业而从事奢侈性的工商业。弃农而从事奢侈性的工商业，那土地也就荒芜而国家也就贫穷了。

凡是农业，其收入的特点是按月算往往不足，按年算才可能有余。然而，官府征税却急如星火，没有定时，农民只好借“一还二”的高利贷来应付上面征课。耕田锄草都有季节限制，但雨水不一定及时够用，农民又只好借“一还二”的高利贷来雇人浇地。商人秋天买粮的粮价是“五”，春天卖粮的粮价是“十”，这又是一项“一还二”的高利贷。所以，把上面的征索算进来，成倍索取农民的地方就达到四项，因为关市的租税、府库的征收、十分之一的征粮和各种劳役放在一起。一年四季加起来，也等于一项“一还二”的高利贷了。一个农民要养四个债主，所以对于外逃者处刑，国君也能制止农民外流，这乃是粮少而农民没有积蓄的缘故。

从高山东麓到黄河、汝水之间，作物生长期早，凋落期迟，是粮食增产的好地方，四季皆种而五谷皆收。中等年成亩产两石粮食，一个劳力可以耕百亩收二百石。如今国家粮仓空虚而百姓没有积存，农民卖儿卖女，其原因就在于君主没有办法均衡人们的收入。所以先代圣王总是注意让农、士、商、工四民即使互换其行业，他们每年的收入也无法互相超过。这样，农民专一务农而收入可以与其他各业均衡。农民专一务农田野就得到开垦，奸巧之事也不会发生。田野开垦则粮食增多，粮食多则国家富裕。没有奸巧之事人民又会安定。富裕而安定，这正是成就王业的道路。

不生产粮食的国家要灭亡，生产粮食而吃光用尽的国家仅能称霸，生产粮食而又能食用不尽的国家才可以成其王业。粮食，能吸引人民；粮食，能招引财富；粮食，也能开疆拓土。粮食一多，则天下的物产都来了。所以，舜第一次率民迁徙发展农耕建成“邑”，第二次迁徙建成“都”，第三次迁徙建成“国”。舜没有采用严重的刑罚和禁令，而人民都跟定他了。因为离开他必然受害，跟着他必然有利。先代圣王，正是善于为人民除害兴利，所以天下人民都归附他。所谓兴利，就是有利于农业；所谓除害，就是禁止有害于农业。农业发展则粮食收入增多，粮食收入增多则国家富裕，国家富裕则人民安于乡居而爱惜家园，这样，即使改变他们的风俗和习惯，对他们驱使和调遣，以至于有所杀戮，人民也是不会憎恶的。这都在于粮食生产的功效。人君不发展农业则粮食必少，粮食少则人民贫困，人民贫困则轻视家园，轻视家园则容易外逃，轻易外逃则君令不能做到必行，君令不能必行则禁律也不能做到必止，禁律不能必止则战争不能做到必胜，防守也不能做到必固了。法令不能必行，禁律不能必止，出战不能必胜，防守不能必固，这叫作寄生的君主。这都是不发展农业缺少粮食的危害。所以增产粮食乃是成就王业的根本大事，是人君的重大任务，是招引民众的途径和治国的道路。

国富者强

◎商鞅

以强去强者，弱；以弱去强者，强。国为善，奸必多。国富而贫治，曰重富，重富者强；国贫而富治，曰重贫，重贫者弱。兵行敌所不敢行，强；事兴敌所羞为，利。主贵多变，国贵少变。国多物，削；主少物，强。千乘之国守千物者削。战事兵用曰强，战乱兵息而国削。

农、商、官三者，国之常官也。三官者生虱官者六：曰“岁”，曰“食”；曰“美”，曰“好”；曰“志”，曰“行”。六者有朴，必削。三官之朴三人，六官之朴一人。以治法者，强；以治政者，削。常官治者迁官。治大，国小；治小，国大。强之，重削；弱之，重强。夫以强攻强者亡，以弱攻强者王。国强而不战，毒输于内，礼乐虱官生，必削；国遂战，毒输于敌，国无礼乐虱官，必强。举荣任功曰强，虱官生必削。农少、商多，贵人贫、商贫、农贫，三官贫，必削。

国有礼、有乐、有诗、有书、有善、有修、有孝、有弟、有廉、有辩。国有十者，上无使战，必削至亡；国无十者，上有使战，必兴至王。

国以善民治奸民者，必乱至削；国以奸民治善民者，必治至强。国用诗、书、礼、乐、孝、弟、善、修治者，敌至，必削国；不至，必贫国。不用八者治，敌不敢至；虽至，必却。兴兵而伐，必取，取，必能有之；按兵而不攻，必富。国好力，曰以难攻；国好言，曰以易攻。国以难攻者，起一得十；国以易攻者，出十亡百。

重罚轻赏，则上爱民，民死上；重赏轻罚，则上不爱民，民不死上。兴国行罚，民利且畏；行赏，民利且爱。国无力而行知巧者必亡。怯民使以刑，必勇；勇民使以赏，则死。怯民勇，勇民死，国无敌者强，强必王。贫者使以刑，则富；富者使以赏，则贫。治国能令贫者富、富者贫，则国多力，多力者王。王者刑九赏一，强国刑七赏三，削国刑五赏五。

国作壹一岁，十岁强；作壹十岁，百岁强；作壹百岁，千岁强。千岁强者王。威，以一取十，以声以实，故能为威者王。能生不能杀，曰自攻之国，必削；能生能杀，曰攻敌之国，必强。故攻官、攻力、攻敌，国用其二、舍其一，必强；令用三者，威，必王。

十里断者，国弱；九里断者，国强。以日治者王，以夜治者强，以宿治者削。

举民众口数，生者著，死者削。民不逃粟，野无荒草，则国富，国富者强。

以刑去刑，国治；以刑致刑，国乱。故曰：行刑重轻，刑去事成，国强；重重而轻轻，刑至事生，国削。刑生力，力生强，强生威，威生惠，惠生于力。举力以成勇战，战以成知谋。

粟生而金死，粟死而金生。本物贱，事者众，买者少，农困而奸劝，其兵弱，国必削至亡。金一两生于竟内，粟十二石死于竟外；粟十二石生于竟内，金一两死于竟外。国好生金于竟内，则金粟两死，仓府两虚，国弱；国好生粟于竟内，则金粟两生，仓府两实，国强。

强国知十三数：竟内仓、口之数，壮男、壮女之数，老、弱之数，官、士之数，以言说取食者之数，利民之数，马、牛、刍藁之数。欲强国，不知国十三数，地虽利，民虽众，国愈弱至削。

国无怨民曰强国。兴兵而伐，则武爵武任，必胜。按兵而农，粟爵粟任，则国富。兵起而胜敌、按兵而国富者王。

（节选自商鞅《商君书·去强》，标题为编者所拟）

【译文】

运用强民的办法来清除不服从法令的民众，国家会被削弱；运用刑罚来清除不服从法令的民众，国家就会强大。国家施行善政，奸诈的坏人就一定会多。国家很富强，却按照穷国的办法治理，这样的国家会富上加富，富上加富的国家就强大；国家贫穷却当作富国来治理，这就叫穷上加穷，穷上加穷的国家会被削弱。军队能做敌人所不敢做的事就强大；对征战等国家大事能做敌人认为是耻辱而不愿做的事（儒家把发动战争看作一种耻辱）就有利。君主贵在多谋善变，国家贵在法制稳定。国家政务繁多，就会被削弱；国君政务精简而不杂，国家就会强大。有一千辆兵车的国家，只是满足守住一千辆兵车的物资，国家就会削弱。行军征战之事，士兵用心效命，国家就强大；打仗时军阵安排混乱，士兵不卖力，国家就会被削弱。

农民、商人、官吏是国家有经常职业的三种人。这三种人产生了六种虱害：第一是“岁”虱，农民游惰，使年岁歉收；第二是“食”虱，农民不务本业，白吃粮米；第三是“美”虱，商人贩卖华丽的东西；第四是“好”虱，即商人买卖稀奇物品；第五是“志”虱，指官吏营私舞弊；第六是“行”虱，官吏办事不积极。这六种虱害生了根，国家必削。农、商、官三种职业的根在三种人身上，而六种虱害的根，却在国君一个人身上。能用法律来治国，国家就强；专靠政令来治国，国家就削弱。久任一个官而他能把政事治理得很好，就升他的官级。治道繁多，国家就会弱小；治道缩小，国家就会强大。人民不守法，国家就会越来越削弱；使人民递补遵纪守法，国家就会越来越强大。采用使民化为强的政策来整治不守法的百姓，就要亡国；采用使民化为弱的政策来整治不守法的百姓，就能成就王业。国家强大而不去进行战争，毒素灌输于国内，礼乐虱害就产生了，这样，国家必弱；国家进行战争，毒素输于国外，国内没有礼乐虱害，这样，国家必强。任用有功劳的人，国家就强大；虱害产生，国家就削弱。农民少，商人多，因而公卿官吏穷了，商人穷了，农民穷了，这三种人都穷了，国家必被削弱。

国家有礼、乐、诗、书、善、修、孝、悌、廉、辩这十种东西，国君又不让民众去打仗，国家就一定会削弱，甚至灭亡；国家如果没有这十种东西，君主就是让民众去打仗，国家也一定会兴旺，甚至称王天下。

国家用所谓善良的人来统治，国家就一定会以生动乱直至被削弱；国家用提倡改革的人来统治，就一定会治理好，一直到强大。国家采用礼、乐、诗、书、考、悌、善、修等儒家思想来治理，敌人来了，国家一定被削弱；敌人不来入侵，国家也一定会穷。不采用这八种儒家思想治理国家，敌人就不敢来入侵，即使来也会被打退。如果发兵去讨伐别的国家，就一定能夺取土地，夺取了土地还能够占有它；如果按兵不动，不去攻打别国，就一定会富足。国家喜欢实力，谈到攻伐就会谨慎；国家喜欢空谈，谈到攻伐就会轻妄。国家用慎重的态度去攻打别国，用一分力气得到十倍的收获；国家用轻妄的态度攻打别国，出十分的力气，能丧失百倍的利益。

加重刑罚，慎用赏赐，那么国君爱护民众，民众就会拼死为君主效命；加重赏赐，轻视刑罚，那么国君不爱民众，民众不会拼死为君主效命。兴盛的国家，使用刑罚，民众以为对自己有利，而且心中畏惧；使用赏赐，民众也认为对自己有利，而且一心要得到。国家没有实力，却使用智谋和欺诈的办法，国家就一定会灭亡。对于胆小的人，用刑罚来让他们作战，一定会勇敢；对于勇敢的人，使用奖赏的办法，他们就会不怕牺牲，舍生忘死去作战。胆小的人勇敢，勇敢的人不怕牺牲，国家就没有对手，这样的话就强大，国家强大就一定能称王天下。用刑罚来约束穷人，让他们去务农，那就会富；对富人使用奖赏，让他们用钱粮买官，那就会变穷。治理国家能让穷人变富，富人变穷，那么这个国家就能实力雄厚，称王天下。称王天下的国家用十分之九的刑罚，十分之一的赏赐；强大的国家刑罚占十分之七，赏赐占十分之三；弱国的刑罚占十分之五，赏赐也占十分之五。

国家专心从事耕战一年，就能强大十年；专心从事耕战十年，就能强大一百年；专心从事耕战一百年，就能强大一千年。能够保持一千年都强大的国家就能称王天下。国家有威严，就能以一取十，凭借名声来取得实力，所以有威势的国家就能称王天下。能积蓄实力却不能使用实力的国家叫作自己攻打自己的国家，这样的国家一定会削弱；能积蓄实力也能使用实力的，叫攻打敌国的国家，这样的国家一定强大。因此，消灭虱害、使用实力、攻打敌国这三点，国家使用当中的二项，舍弃当中的一项，一定强大；假如三项全用，国家就会有威力，称王天下。

政事在十里之内才能做出决断的，国家就弱；在九里之内能做出决断的，国家就强大。在当日就能处理好当天的政务，就能称王天下；在当夜而能处理好当天的政务，国家就强大；第二天才能处理好当天的政务，国家就会被削弱。

登记民众的人数，活着的人登记造册，死了的人要从户口册上消除掉。如果这样，民众就不能逃避税租，田野上就没有荒草，那么国家就能富足，国家富了也就强大了。

用刑罚消除刑罚，国家就能大治；用刑罚招致刑罚，国家就会混乱。所以说：加重刑于轻罪，就是不用刑罚也能将事情办成，这样的国家才能强大；重罪重罚，轻罪轻罚，用刑轻重不一，即使用了刑罚，犯法的事情也会不断发生，国家也会被削弱。重的刑罚产生实力，实力能产生强大，强大能产生威力，威力能产生恩惠，恩惠从实力中产生。崇尚实力能用来成就勇敢作战，作战才能产生出智慧和计谋。

有了粮食，金子就没用了；没了粮食，金钱才有用。粮食这种东西价格低贱，而从事农耕的人多，买粮食的人就少，农民就贫困，奸诈的商人就活跃，如果这样兵力就弱，国家的实力一定会被削弱直到灭亡。一两黄金输入到国境内，十二石的粮食就会运到国境外；十二石粮食输入到国境内，一两黄金就会运到国境外。国家喜欢在境内积聚黄金，那么黄金和粮食都会丧失，粮仓和金库都会空虚，国家会弱小；国家喜欢在境内囤积粮食，那么粮食和黄金都能产生，粮仓、金库都会充实，国家就强大。

强国要知道十三个数目：境内粮仓数、金库数，壮年男子、壮年女子的数目，老人、体弱者数目，官吏、士人的数目，靠游说吃饭的人数，商人的数目，马、牛、喂牲口饲料的数目。想要使国家强大，却不知道国家的这十三个数目，土地即使肥沃，人民虽然众多，国家也难免越来越弱，直到被别国分割。

国内没有对君主有怨言的民众叫强国。如果发兵去攻打别国，那么就要按军功的多少授予他们官职和爵位，就一定会取胜。如果按兵不动，从事农耕，那么就按生产缴纳粮食的多少，授予官职和爵位，国家就一定富裕。发兵打仗能战胜敌人、按兵不动而富足的国家就能称王天下。

足国之道

◎荀况

足国之道：节用裕民，而善臧其余。节用以礼，裕民以政。彼裕民，故多余。裕民则民富，民富则田肥以易，田肥以易则出实百倍。上以法取焉，而下以礼节用之，余若丘山，不时焚烧，无所臧之。夫君子奚患乎无余？故知节用裕民，则必有仁圣贤良之名，而且有富厚丘山之积矣。此无他故焉，生于节用裕民也。不知节用裕民则民贫，民贫则田瘠以秽，田瘠以秽则出实不半。上虽好取侵夺，犹将寡获也。而或以无礼节用之，则必有贪利纠譑之名，而且有空虚穷乏之实矣。此无他故焉，不知节用裕民也。康诰曰："弘覆乎天，若德裕乃身。"此之谓也。

……………

观国之治乱臧否，至于疆易而端已见矣。其候缴支缭，其竟关之政尽察——是乱国已。入其境，其田畴秽，都邑露——是贪主已。观其朝廷，则其贵者不贤；观其官职，则其治者不能；观其便嬖，则其信者不悫——是暗主已。凡主相臣下百吏之属，其于货财取与计数也，顺孰尽察；其礼义节奏也，芒轫僈楛——是辱国已。其耕者乐田，其战士安难，其百吏好法，其朝廷隆礼，其卿相调议——是治国已。观其朝廷，则其贵者贤；观其官职，则其治者能；观其便嬖，则其信者悫——是明主已。凡主相臣下百吏之属，其于货财取与计数也，宽饶简易；其于礼义节奏也，陵谨尽察——是荣国已。贤齐则其亲者先贵，能齐则其故者先官，其臣下百吏，污者皆化而修，悍者皆化而愿，躁者皆化而悫——是明主之功已。

观国之强弱贫富有征验：上不隆礼则兵弱，上不爱民则兵弱，已诺不信则兵弱，庆赏不渐则兵弱，将率不能则兵弱。上好功则国贫，上好利则国贫，士大夫众则国贫，工商众则国贫，无制数度量则国贫。下贫则上贫，下富则上富。故田野县鄙者，财之本也；垣窌仓廪者，财之末也。百姓时和，事业得叙者，货之源也；等赋府库者，货之流也。故明主必谨养其和，节其流，开其源，而时斟酌焉。潢然使天下必有余，而上不忧不足。如是，则上下俱富，交无所藏之。是知国计之极也。故禹十年水，汤七年旱，而天下无菜色者，十年之后，年谷复熟，而陈积有余。是无它故焉，知本末源流之谓也。故田野荒而仓廪实，百姓虚而府库满，夫是之谓国蹶。伐其本，竭其源，而并之其末，然而主相不知恶也，则其倾覆灭亡可立而待也。以国持之，而不足以容其身，夫是之谓至贫，是愚主之极也。将以取富而丧其国，将以取利而危其身，古有万国，今有十数焉，是无它故焉，其所以失之一也。君人者亦可以觉矣。百里之国，足以独立矣。

…………

持国之难易：事强暴之国难，使强暴之国事我易。事之以货宝，则货宝单，而交不结；约信盟誓，则约定而畔无日；割国之锱铢以赂之，则割定而欲无厌。事之弥烦，其侵人愈甚，必至于资单国举然后已。虽左尧而右舜，未有能以此道得免焉者也。譬之是犹使处女婴宝珠，佩宝玉，负戴黄金，而遇中山之盗也，虽为之逢蒙视，诎要挠腘，君卢屋妾，由将不足以免也。故非有一人之道也，直将巧繁拜请而畏事之，则不足以持国安身。故明君不道也。必将修礼以齐朝，正法以齐官，平政以齐民；然后节奏齐于朝，百事齐于官，众庶齐于下。如是，则近者竞亲，远方致愿，上下一心，三军同力，名声足以暴炙之，威强足以捶笞之，拱揖指挥，而强暴之国莫不趋使，譬之是犹乌获与焦侥搏也。故曰：事强暴之国难，使强暴之国事我易。此之谓也。

（节选自荀况《荀子·富国》，标题为编者所拟）

【译文】

使国家富足的途径：节约费用，富裕民众，并妥善贮藏盈余。节省费用必须按照所规定的等级标准执行，使人民宽余必须依靠政治上的各种措施。节约费用必定就有剩余的财物，使人民宽余人民就能富足。人民富足了，那么农田就会得到治理，多施肥，得到精心的耕作；这样生产出来的谷物就会增长上百倍。国君按照法律规定征税，而臣民按照礼制规定节约使用。这样，余粮就会堆积如山，即使时常被烧掉，也还是多得没有地方贮藏。君子何必忧虑没有盈余呢？所以，知道节约费用，使民众富裕，就一定会获得仁义善良的美名，而且还会拥有堆积如山的财富。这是什么原因呢？就是在于节约费用，使人民宽裕。不知道节约费用，使民众富裕，就会使人民贫穷；人民贫穷，农田就会贫瘠、荒芜；农田贫瘠而且荒芜，那么生产的粮食就达不到正常收成的一半。这样，即使国君大肆侵占掠夺，得到的还是很少。如果还不按照规定节约使用它们，那么国君就会有贪利剥取的名声，而且粮仓也会空虚匮乏。这没有其他的缘故，而是因为不懂得节约费用，富裕民众。《康诰》上说："庇护民众，就像上天覆盖大地，遵行礼义，顺从德行，就能使你富裕。"说的就是这个道理啊。

…………

看一个国家治乱的好坏，来到它的边界，就可以看出端倪。如果哨兵来回巡逻，边境检查非常烦琐，这个国家就很混乱。进入国境，田地荒芜，城镇破败，这个君主就很贪婪。看他的朝廷，尊贵的并不贤明；考察他的官员，处理政事的并无才能；观看他的亲信，他们并不诚实。这就是个昏君了。凡是君臣百官，对于财货的收取和支出，进行十分精细的检查，而对于礼义制度，却茫然无知，漫不经心，这是个受人凌辱的国家。农民乐意耕作，战士不避危难，百官依法行事，朝廷崇尚礼义，卿相政论协调，这就是个治理得好的国家了。观察他的朝廷，贤者位尊；考察他的官员，能者任事；看看他左右，皆很诚实。这就是个英明的君主了。凡是君臣百官，对于财货收支的计算，宽容大方简略便易；对于礼义法度，严肃认真、一丝不苟：这就是个繁荣的国家了。如果贤德相等，那么有亲戚关系的人先尊贵；如果能力相同，那么有旧关系的人先任用。这样的臣子官吏，思想行为肮脏的人就会因受到教化而提高修养，凶狠强暴的人因受到教化而朴实善良，狡猾奸诈的人也因受到教化而忠厚诚实，这就是英明君主的功劳了。

观察一个国家的强弱、贫富，有一定的征兆：君主不崇尚礼义，他的兵力就衰弱；君主不爱护民众，他的兵力就衰弱；君主不讲信用，他的兵力就衰弱；奖赏不厚重，他的兵力就衰弱；将帅无能，他的兵力就衰弱。君主好大喜功，他的国家就贫穷；君主喜欢财利，他的国家就贫穷；官吏众多，他的国家就贫穷；工人商人众多，他的国家就贫穷；没有规章制度，他的国家就贫穷。民众贫穷，君主就贫穷；民众富裕，君主就富裕。所以，田野和乡村是财物的根本；粮囤地窖谷仓米仓是财物的末节。百姓顺应天时，耕作适宜，这是钱财的源头；按照等级征收的赋税和国库，是钱财的支流。所以英明的君主必定谨慎地顺应时节的变化，节流开源，时常谨慎地考虑这些问题，使天下的财富绰绰有余，国家就不再担忧财物不够了。如果这样，那么上下都富足，双方都没有地方来储藏财物，这是懂得国计民生达到了顶点。所以，尽管禹治理天下时碰上了十年水灾，商汤时遇到了七年旱灾，但天下的人民没有遭受饥饿的苦难，十年以后，谷物又丰收了，而原来储备的粮食还有节余。这并没有其他的原因，就是因为他们懂得了本末、源流的关系啊。所以，虽然田野荒芜了，但国家的粮仓很充实；虽然百姓很贫乏，但国家仓库却满满的。这就叫作国家灭亡。断绝了根本，枯竭了源头，把财物都归并到国库中，然而君主、宰相还不知道危险，那么他们灭亡的时刻很快就要来到了。用整个国家的财货供养他，还是不能够容纳他这个人，这叫作极其贪婪，是最愚蠢的君主。本来希望富有，可是因此丧失了国家；本来希望得到利益，可是因此危害了自身。古时有上万个国家，现在只有十几个了，这没有其他的原因，他们丧失国家的原因只有一个。统治人民的君主，也应该觉悟了。方圆万里之国，也可以自立了。

…………

保住国家的难易是：侍奉强暴的国家难，但让强暴的国家侍奉自己容易。如果用财宝侍奉强暴的国家，财宝用完了，可是邦交仍然不能建立；和他们结盟，订立条约，可是没几天他们就背信弃义了；割让国家领土去贿赂他们吧，他们的欲望却不能满足。对他们越依顺，他们就变本加厉，一定要到财物送光，国家全部拿来送给他们，才肯罢休。如果这样，即使有尧、舜的辅助，也没能靠这种办法幸免。这就好像一个系着宝珠、佩着宝玉、背着黄金的姑娘，碰上了山中的强盗，即使对他只敢眯着眼睛看，弯腰、屈膝，像家里的婢妾，仍将不可避免那厄运。

所以，如果没有使人民团结抗敌的办法，只靠花言巧语、跪拜请求，诚惶诚恐地侍奉他们，是仍然不能保持国家、保护自己的。所以英明的君主不这样做，他必定修饬礼节，严肃法令，整顿百官，公正地处理政事，整治民众，然后才能够礼节整齐，各种事情治理得有条不紊，群众齐心合力。这样，邻近国家就会争先恐后地来亲近，远处的人民愿意归顺，上下一心，三军共同努力，名声足够威慑他们，武力足够惩处他们，从容地指挥，那些强暴的国家没有不受驱使的，这就好像是大力士乌获与矮子焦侥搏斗一样。所以说：侍奉强暴的国家难，但让强暴的国家侍奉自己容易。说的就是这种情况。

富民则富国

◎郭嵩焘

西人富强之业，诚不越矿务及汽轮舟车数者，然其致富强固自有在。审知彼我情势之异，而又有其可以通行者，使缓急轻重之理先得予吾心，而后可与考求西法。即以湖南矿产言之，所在皆民业，无官山。湘水以西，由湘潭、湘乡以达衡、宝，径西至沅、靖，湘水以东，由醴、攸以达郴、桂，煤铁各矿，无地无之。矿户多于西洋以数十倍计，恰无以是致富者。亦有虚糜数百千缗，不得矿产，或阻水而止。天地自然之利，百姓皆能经营，不必官为督率。若径由官开采，则将强夺民业，烦扰百端，百姓岂能顺从，而在官者之烦费又不知所纪极，为利无几，而所损耗必愈多。若仍督民为之，则亦百姓之利而已，国家何恃以为富强之基乎？中国与西洋情势相距绝远，不能悉数，请一言其略。

…………

窃论富强者，秦汉以来治平之盛轨，常数百年一见，其源由政教修明，风俗纯厚，百姓家给人足，乐于趋公，以成国家磐固之基，而后富强可言也。施行本末，具有次第。然不待取法西洋，而端本足民，则西洋与中国同也。国于天地，必有与立，亦岂有百姓困穷而国家自求富强之理？今言富强者，一视为国家本计，与百姓无与。抑不知西洋之富专在民，不在国家也。数百年来开通海道，尽诸岛国之利括取之，其基已厚矣，而治矿务日益精，五金出产之利、制备器具日益丰，又创为汽轮舟车，驰行数万里以利转运，觑天下之利以为利，故能富也。中国舟车之利不出其域中，而又禁百姓使不得有兴造，用其锱铢搜取之财力，强开铁路于尘沙数千里无可筑基之地，以通南北数府县之气，未知其利果安在也？其烦费过多，开通道路过远，终必不能望有成功，且勿论矣。

（节选自郭嵩焘《与友人论仿行西法书》，标题为编者所拟）

原强

◎严复

且物之极也，必有其所由极，势之反也，必有其所由反。善保其强，则强者正所以长存；不善用其柔，则柔者正所以速死。彼《周易》否泰之数，老氏雄雌之言，固圣智者之妙用微权，而非无所事事俟其自至之谓也。无所事事而俟其自至者，正《太甲》所谓“自作孽，不可活”者耳，天固不为无衣者减寒，岁亦不为不耕者减饥也。客亦知之否耶？至土耳其之所以尚存，则彼之穆哈蓦德，固以敢死为教，而以武健严酷之道狃其民者也。故文不足而质有余，术知虽无可言，而鸷悍胜兵尚足有以自立，故虽介两雄乎而灭亡犹未也。然而日侵月削，所存盖亦仅矣。若我中国，则军旅之事，未之学矣，又乌得以上耳其自广也哉！

虽然，使今有人焉，愤中国之积贫积弱，攘臂言曰：曷不使我为治？使我为治，则可以立致富强而厚风俗。然则其道何由？曰：中国之所不振者，非法不善也，患在奉行不力而已。祖宗之成宪有在，吾将遵而用之而加实力焉。于是督责之政行，而刺举之事兴。如是而期之十年，吾知中国之贫与弱犹自若也。何则？天下之势，犹水之趋下，夫已浩浩然成江河矣，乃障而反之使之在山，此人力之所不胜也。

乃又有人焉曰：法制者，圣人之刍狗也，一陈而不可复用。天下之势已日趋于混同矣，吾欲富强，西洋富强之政有在也，何不踵而用之。于是其于朝也，则建民主，开议院；其于野也，则合公司，用公举。练通国之兵以御侮，加什二之赋以足用。如是而亦期之以十年，吾知中国之贫与弱有弥甚者。

…………

第由是而观之，则及今而图自强，非标本并治焉，固不可也。不为其标，则无以救目前之溃败；不为其本，则虽治其标，而不久亦将自废。标者何？收大权、练军实，如俄国所为是已。至于其本，则亦于民智、民力、民德三者加之意而已。果使民智日开，民力日奋，民德日和，则上虽不治其标，而标将自立。何则？争自存而欲遗种者，固民所受于天，不教而同愿之者也。语曰："同舟而遇风，则胡越相救如左右手。"特患一舟之人举无知风水之性，舟楫之用者，则其效必至于倾覆。有篙师焉，操舵指挥，而大难济矣。然则三者又以民智为最急也。是故富强者，不外利民之政也，而必自民之能自利始，能自利自能自由始，能自由自能自治始，能自治者，必其能恕、能用絜矩之道者也。

今夫中国人与人相与之际，至难言矣。知损彼之为己利，而不知彼此之两无所损而共利焉，然后为大利也。故其敝也，至于上下举不能自由，皆无以自利；而富强之政，亦无以行于其中。强而行之，其究也，必至于白废。夫自海禁既开以还，中国之仿行西法也，亦不少矣：总署，一也；船政，二也；招商局，三也；制造局，四也；海军，五也；海军衙门，六也；矿务，七也；学堂，八也；铁道，九也；纺织，十也；电报，十一也；出使，十二也。凡此皆西洋至美之制，以富以强之机，而迁地弗良，若亡若存，辄有淮橘为枳之叹。公司者，西洋之大力也。而中国二人联财则相为欺而已矣。是何以故？民智既不足以与之，而民力民德又弗足以举其事故也。颜高之弓，由基用之，辟易千人，有童子懦夫，取而玩弄之，则绝膑而已矣，折臂而已矣，此吾自废之说也。嗟乎！外洋之物，其来中土而蔓延日广者，独鸦片一端耳。何以故？针芥水乳，吾民之性，固有与之相召相合而不可解者也。夫唯知此，而后知处今之日挽救中国之至难。亦唯知其难，而后为之有以依乎天理，批大郤而导大窾也。至于民智之何以开，民力之何以厚，民德之何以明，二者皆今日至切之务，固将有待而后言。

（节选自严复《原强》）

国民宜有高尚思想说

◎周恩来

夫立国于二十世纪之秋，殖民逐鹿之场，思欲保其颜色，巩固其领土，舍富强其道莫由。然富也、强也，亦非一朝一夕所能奏其效，一人一力所可成其功，必合全国之人民，万众之人心，以结构之，始克达其目的。而其能否成此要素，胥视其国民之思想界为如何耳。彼一国之风俗黑暗闭塞也，则其民之思想必愚陋；思想愚陋，然后有卑鄙之观念，昏暗之政策；视残杀为要务，置国事于不顾，则其国之败亡，可立而待矣！彼一国之风俗文明优美也，则其民之思想必高尚；思想高尚，然后有健全之舆论，激昂之民气；合群以图其强，殖民以致其富；其收效之大无俟卜筮矣！

夫思想界之关系于一国之强否，既如上所述。今更以时势证之，不观夫条顿之民族乎，其思想之高尚，诚可执世界之牛耳。新发明之科学、汽船、汽车以及于平民政治，共和政体，种种新事业、新生机、新政策，殆无不由此族发明其端，以英、美、德为其试验之场也。至其军事之布置，又可为世界平和之保障。有如此之高尚思想，现而为最良之政策，宜乎地球上无条顿民族不履之迹。俄、法、意之瞠乎其后，良有以也。又观夫土耳其乎，其民族固勇敢善战，强项不屈。然以其思想之卑鄙，遂昧于世界之潮流，暗于欧亚之大势，内无开通民智之行政，外鲜折充樽俎之交谊。虽有德、奥之扶助，恃而无恐，乃土巴一战，卒至宗社陵夷，欧陆尽失，一屈（蹶）而不可复振，岂其战之不善耶？要亦人民之思想卑鄙，以致昧于事，暗于理之所致也。

纵察往事，而返观吾千钧一发之神州，四千年之文明已失其旧，思想日趋卑鄙，民气日渐消磨。无日新之可望，难再振之期。呜呼！茫茫大陆，桃源安在；莽莽中华，英杰何之。欲救神州，请自改良社会始。而改良社会，又端赖思想界为之作中流砥柱。念条顿民族之所以强，土耳其之所以弱，则当开通民智，输灌智识，使国民之思想日趋于高尚之途，则中华庶有豸乎。殷鉴不远，吾辈青年，其急起图之。

（选自《周恩来日记》，据考订作于1915年）

文心启思
诗词

南风歌

虞舜[1]

南风之薰兮[2]，可以解吾民之愠[3]兮。

南风之时[4]兮，可以阜[5]吾民之财兮。

【注释】

[1]虞舜：姚姓，名重华。相传是父系氏族社会后期的部落领袖，故史称舜帝。

[2]薰：温和。兮：语气助词，相当于“啊”。

[3]愠：怨恨，怒气。

[4]时：适时，及时，合时宜的。

[5]阜：（物资）多、丰富。

【题解】

《南风歌》相传为舜帝弹五弦之琴而歌。《礼记·乐记》曰：“昔者舜作五弦之琴以歌《南风》。”司马迁的《史记·乐书》亦载，“舜弹五弦之琴，歌南风之诗，天下制。”

清凉的南风可以解民之愠，适时的南风则可以阜民之财。《南风》之歌，即赞颂“南风”煦育万物、播福万民的恩泽之歌，唱出了一种淳朴诚实、关心苍生的君王情怀。关心百姓，爱护苍生，千方百计为老百姓排忧解难、消除怨气，千方百计为老百姓增长财富、提高生活水平，这是每一个清廉官员都应该具备的基本信念和行为准则。早在远古时代，人们就认识到了这一点，可见倡廉砥廉的基本内容和基本要求是古今相同的。

咏史

唐·李商隐

历览前贤国与家，成由勤俭败由奢。
何须琥珀方为枕[1]，岂得真珠始是车[2]？
运去不逢青海马[3]，力穷难拔蜀山蛇[4]。
几人曾预南薰曲[5]，终古苍梧哭翠华[6]。

【注释】

[1]琥珀枕：宋武帝时，宁州献琥珀枕。据说琥珀可以治疗金疮，武帝即命捣碎，分给诸将。

[2]真珠车：魏惠王曾经向齐威王夸耀自己有十颗可以照亮前后十二辆车的大珍珠。齐威王却说，我的珍宝是贤臣，“将以照千里，岂特十二乘哉”？

[3]青海马：产于青海的杂交马，据说日行千里，这里是指国家英才。

[4]蜀山蛇：当年蜀国因为五壮士拔蛇而蜀路开，导致了蜀国灭亡，现比喻奸佞小人。

[5]南薰曲：传说中为舜所作的《南风歌》，喻指君王的求治之心。

[6]苍梧：即九嶷山，原指舜墓，这里是指唐文宗的章陵。翠华：皇帝仪仗中顶上的华盖，代指唐文宗。

【题解】

李商隐以其高度的历史责任感和艺术上的创新精神，创作了占他全部篇七分之一强的史诗。他的咏史诗不仅咏古况今，充分反映了他进步的历史观，而且借古讽今，含蓄地表达了他的现实主义倾向。

在这首诗中，诗人根据历史兴亡的史实，概括为“历览前贤国与家，成由勤俭破由奢”。这些明确的以古鉴今的态度，包含着深刻的用意，成为历代正直清正的官员们的座右铭。如司马光所说：“侈则多欲。君子多欲则贪慕富贵，枉道速祸；小人多欲，则多求妄用，败家丧身。”再富强再繁荣的国家，也必须提倡勤俭节约，无论官员与民众，都要懂得这个道理。

长安杂诗十二首（其二）

明·陈琏

苍姬都丰镐[1]，国祚日隆昌[2]。
所积本仁厚，岂惟恃富强。
自后继者谁，刘汉暨李唐。
复能施德政，宜其胤祚长[3]。
嬴政与杨隋，再传即灭亡。
福善与祸淫，天理诚昭彰。

【注释】

[1]苍姬：指周朝。丰镐：亦作“丰鄗”，周的旧都。文王邑丰，在今陕西西安西南丰水以西。武王迁镐，在丰水以东。其后周公虽营洛邑，丰镐仍为当时政治文化中心。现借指国都。

[2]国祚：国运。隆昌：昌盛，兴旺发达。

[3]胤祚：福运及于后代子孙。

【题解】

陈琏（1369—1454），字廷器，号琴轩，广东东莞厚街桥头人。永乐元年（1403年），以他有治理才能，擢为许州知州，永乐三年（1405年）改任滁州知州。他在任上验丁赋、省徭役、修学校、劝农桑；暇时与僚属在醉翁亭上吟咏，又修一酿泉亭，一泉一石，皆为题品，百姓称他为“小欧阳”。本诗主旨在于说只有广施德政，才能国运昌盛，人民富强。并以历史上王朝的兴废说明富强不可久恃，其根本在于仁厚对待人民，施行德政。善者自然有福荫，而淫逸者自惹祸灾，这才是昭彰的天理。

感时五首用杜甫《诸将》韵（其二）

朱德

伟人心事在争城，扰攘频年[1]动汉旌。
久受飞灾怜百姓，长经苦战叹佳兵。
欣闻外地同时靖，默祝中原早日清。
独抱杞忧[2]安社稷[3]，矢心为国睹升平。

【注释】

[1]频年：连年，多年。

[2]杞忧：杞人忧天。杞国有个人整天担心天会塌下来，现用杞人忧天比喻不必要的或缺乏根据的忧虑和担心。

[3]社稷：社，土神；稷，谷神。古时君主都祭祀社稷，后来就用社稷代表国家。

【题解】

朱德（1886—1976），字玉阶，原名朱代珍，曾用名朱建德，伟大的马克思主义者，无产阶级革命家、政治家和军事家，中国共产党、中国人民解放军和中华人民共和国的主要缔造者和领导人之一。中华人民共和国十大元帅之首。

1917年，俄国十月革命成功，马克思主义传入中国。1919年，五四爱国运动爆发，中国新民主主义革命开始。在和北洋军阀的连年战争中，朱德的部队损失很大，残酷的现实对他产生了强烈刺激。追随孙中山领导的资产阶级民主革命多年，革命不但没有成功，而且旧军阀未打倒，新军阀又产生出来，国家日渐衰落，人民更加处于水深火热之中，故有感于此而作此诗。本诗愤慨地揭露了新旧军阀混战给人民带来的巨大灾难，抒发了自己忧国忧民的思想，表达了自己对国家富强的向往。

浣溪沙[1]·和柳亚子先生

毛泽东

长夜难明赤县[2]天，百年魔怪舞翩跹[3]，
人民五亿不团圆。
一唱雄鸡天下白[4]，万方乐奏有于阗[5]，
诗人兴会[6]更无前。

【注释】

[1]浣溪沙：词牌名，唐教坊（音乐学校）里曲子的名称。

[2]赤县：战国时称中国为赤县神州。

[3]翩跹：跳舞轻盈状。

[4]一唱雄鸡天下白：李贺《致酒行》："雄鸡一声天下白。"

[5]万方：古人称国族为方，《易经》有"鬼方"。于阗：亦作"于窴"，古西域国名，在今

新疆和田一带。

[6]兴会：兴致、兴趣。

【题解】

本词作于1950年10月1日，这是新中国建国一周年后的第一个国庆日。是年10月3日晚，全国各少数民族代表在中南海怀仁堂隆重欢聚，向毛泽东及其他党、政、军领导人献礼、献旗，以表各族人民对毛主席和共产党的热爱。献礼仪式结束后，各少数民族文工团联合演出了文艺节目。观看演出时，柳亚子先生正好坐在毛泽东的前排。毛泽东兴致勃勃地对他说："这样的盛况，亚子为什么不填词以志盛呢？我来和。"于是柳亚子即席赋《浣溪沙》一首，"用以纪大团结之盛况云尔！"（柳亚子这首《浣溪沙》一词的题序之末句）呈送后排的毛主席。第二天，毛泽东用毛笔在宣纸上手书了这首和词，回赠柳亚子。

诗人用一首小令，共四十二个字把中国近百年的过去和今天写了出来，上阕写旧中国，下阕写新中国，两相对比，异常鲜明。下阕第一句化用李贺《致酒行》中"雄鸡一声天下白"，虽典出唐人之诗句，改一个“声”字为“唱”字，意境更壮阔，而且诗人将自己的情怀及感受以革命浪漫主义的形式植入其间，展示了国家富强、人民幸福的美好图景。

开国小言

陈毅

天安门上望，城下人如海。
举头红五星，共庆山河改。
天安门上望，京阙[1]焕新采。
亿众大革命，流血三十载[2]。
天安门上望，红旗翻作海。
万岁涌潮来，军民真主宰。
元首耀北辰[3]，元戎雄泰岱[4]。
群英共检阅，盛业开万代。

【注释】

[1]京阙：京城，这里指北京。阙，古代宫门外左右对称的楼观，常用以代指皇宫或京城。

[2]流血三十载：指中国革命从1919年五四运动开始，到1949年中华人民共和国成立，经历了整

整30年的流血斗争。

[3]北辰：北极星。《论语·为政》：“为政以德，譬如北辰，居其所而众星拱之。”

[4]元戎：最高军事统帅，这里指朱德总司令。泰岱：泰山。岱，是泰山的别名。

【题解】

陈毅这首诗，记下了开国大典的盛况，并由眼前景象，追忆起中国人民浴血奋战的历史，从而热情歌颂了伟大的人民、伟大的领袖和中国革命的辉煌胜利。全诗由八章组成。前三章用反复咏唱的形式描绘历史盛况，绘声绘色，情景交融。后五章层层深入，用平易的语言、生动的形象，深刻地表现了这一隆重节日的重大意义——国家从此走上富强发展之路。

习近平曾经说过：“近代以后，我们的民族历经磨难，中华民族到了最危险的时候。自那时以来，为了实现中华民族伟大复兴，无数仁人志士奋起抗争，但一次又一次地失败了。中国共产党成立后，团结带领人民前仆后继、顽强奋斗，把贫穷落后的旧中国变成日益走向繁荣富强的新中国，中华民族伟大复兴展现出前所未有的光明前景。我们的责任，就是要团结带领全党全国各族人民，接过历史的接力棒，继续为实现中华民族伟大复兴而努力奋斗，使中华民族更加坚强有力地自立于世界民族之林，为人类作出新的更大的贡献。”

晋察冀军区成立志感

邓拓

血肉冰霜不计年，五台烽火太行烟。
战歌匝地[1]三军角，卫垒连珠[2]万里天。
北岳扬旌胡马怯，边疆复土祖鞭[3]先。
阵云翻向龙江日，响彻河山唱凯旋。

【注释】

[1]匝地：遍地，满地。

[2]卫垒连珠：堡垒连绵断。

[3]祖鞭：喻先着，先手，今表勤奋、争先。祖，指晋人祖逖。《晋书·刘琨传》：“吾枕戈待旦，志枭逆虏。常恐祖生先吾着鞭。”

【题解】

邓拓（1912—1966），字云特，原名邓旭初，福建闽侯（今福州）人。邓拓是20世纪诗词史上以自己的思想和才情创造了鲜明风格的人，他表现自己心志和抗战事业的诗词，高歌慷慨，气韵沉雄。书生情怀使他的作品保持了对现实的理性态度和对人格独立、精神自由等终极性价值的追寻。

本诗作于1938年，歌颂为了国家富强而斗争的伟大事业，写出了八路军保家卫国的壮志雄心、牺牲精神和必胜信念，气势豪迈，鼓舞人心。聂荣臻十分欣赏此诗，至能背诵。

文心启思
名言

富有之谓大业，日新之谓盛德。

——《易经》

善为国者，必先富民。

——〔春秋〕管仲

国富而贫治，曰重富，重富者强。

——〔战国〕商鞅

强者必治，治者必强；富者必治，治者必富；强者必富，富者必强。

——〔战国〕商鞅

足国之道，节用裕民，善藏其余，节用以礼，裕民以政。

——〔战国〕荀况

夫土广而任则国富，民众而制则国治。

——《尉缭子》

王国富民，霸国富士，仅存之国富大夫，亡国富仓府，所谓上满下漏，患无所救。

——《尉缭子》

移风易俗，民以殷盛，国以富强，百姓乐用。

——〔西汉〕司马迁

民富国强，众安道泰。

——《吴越春秋》

民殷国富。

——〔三国〕诸葛亮

欲富国者，务广其地；欲强兵者，务富其民。

——〔北宋〕司马光

富国必以本业，强国必以正兵。

——〔明〕查继佐

国于天地，必有与立，亦岂有百姓贫困而国家自求富强之理？今言富强者，一视为国家本计，与百姓无与。抑不知西洋之富专在民，不在国家也。端本足民，富民则富国，是天下之公理。

——〔清〕郭嵩焘

少年富则国富，少年强则国强。

——梁启超

曰富曰强，首赖工学。

——詹天佑

艺术天地

艺术天地

对联

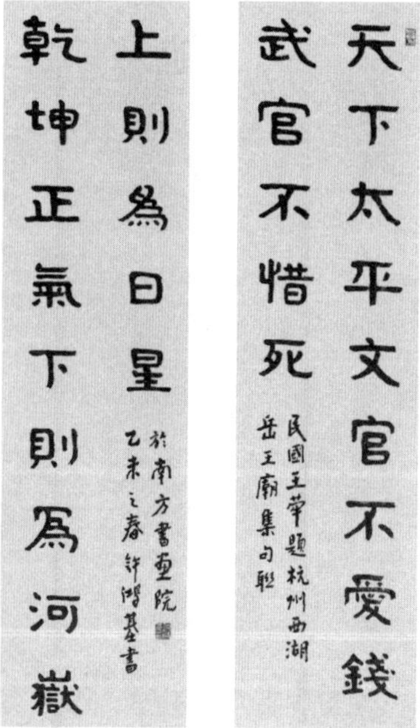

天下太平，文官不爱钱，武官不惜死

乾坤正气，下则为河岳，上则为日星

（许鸿基/书）

【出处】

王荦题杭州西湖岳王庙集句联

【读联随笔】

此联上联典出《宋史·岳飞传》，宋高宗见统帅官在杭州都建有府第，也想为岳飞建造府第，岳飞辞道："敌未灭，何以家为？"然后高宗又问及何时天下太平，岳飞才以"文臣不爱钱，武臣不惜死，天下太平矣"作答。

下联典出文天祥《正气歌》，原诗为："天地有正气，杂然赋流形。下则为河岳，上则为日星。"意思是，天地之间有正气存在，赋予的形体各种各样。譬如地上的江河与山岳，又如天上的日月和繁星。

岳飞和文天祥，都是精忠报国的英雄人物。"江山代有才人出，各领风骚数百年"，面对数百年来无数仁人志士的崇敬，岳飞和文天祥当之无愧。他们的高尚品德，激励了无数国人屡建奇功，为国家的富强和民族的伟大复兴奏响了悲壮乐章，回响于中华大地！

（明纯）

政善山河美；天清日月新

（钱海源/书）

【出处】

佚名撰春联

【读联随笔】

这副对联，与《尚书·大禹谟》“德惟善政，政在养民”如出一辙。“善政”，与儒家所主张的“德政”“仁政”是同一意思，就是给人民好处或造福于民的政治，唯有人民好，国家才好，也才可能有“山河美、日月新”这种欣欣向荣的升平景象。清明的政治、良好的政令是国富民强的重要保证。《后汉书·臧宫传》：“今国无善政，灾变不息。”纵观中国五千年发展史，因施恶政而给国家和人民带来混乱、动荡和灾难的例子举不胜举。

以习近平同志为总书记的党中央，提出“四个全面”，正是为了把我国建设成为政治清明、山河秀美的国家，以实现国富民强的宏伟目标。

（蔡煜东）

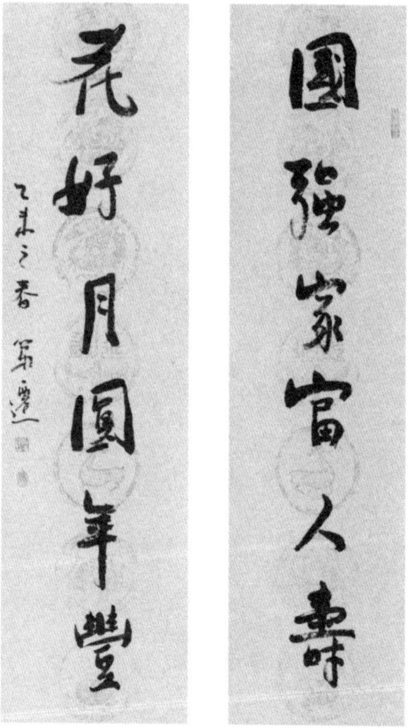

国强家富人寿；花好月圆年丰

（陶第迁/书）

【出处】

当代·邹光忠主编《实用对联大全》

【读联随笔】

正如歌曲《国家》中所唱："都说国很大，其实一个家。一心装满国，一手撑起家。家是最小国，国是千万家。……有了强的国，才有富的家……"习近平总书记在畅谈"中国梦"时感言，"国家好，民族好，大家才会好"，朴实的话语道出了深刻的道理，也契合了这副对联的内涵。我们党是马克思主义执政党，肩负着带领全国各族人民实现国家富强、民族复兴，增进人民福祉的历史使命，党的根本宗旨体现了党和人民的血肉关系，因此我们的党深深懂得人民富裕是国家强盛的根基，人民幸福是民族复兴的目标。"人民对美好生活的向往，就是我们的奋斗目标。"

（蔡煜东）

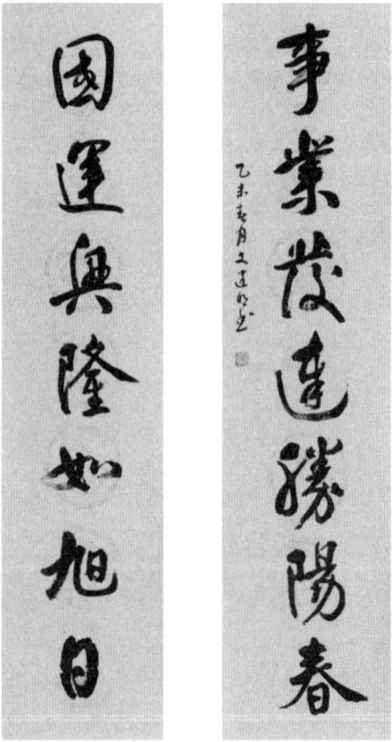

国运兴隆如旭日；事业发达胜阳春

（文建明/书）

【出处】

邹光忠主编《实用对联大全》

【读联随笔】

联语中“国运”对“事业”，“兴隆”对“发达”，“旭日”对“阳春”，词性相当，内容相关，对仗工整，构思巧妙。

尤为值得称道的是，此联将国家的命运和个人的事业直接联系起来，表达了对个人利益与国家利益相一致的认识。

国运，是指国家命运。我国是人民民主专政的社会主义国家，人民是国家的主人，国家利益和集体利益代表了公民的整体利益与长远利益。

个人利益既在人民利益、国家利益、集体利益之中，又在人民利益、国家利益、集体利益之外。

公民要坚持个人利益和集体利益相结合，在行使权利时，要自觉维护国家利益，在履行义务时，也要以国家利益为重。

所以从这一点来说，“国运兴隆”才能带来“事业发达”，国富民强就是此道理。

（明纯）

中华腾飞，鹏程万里

民族崛起，彪炳千秋

（陈春盛/书）

【出处】

邹光忠主编《实用对联大全》

【读联随笔】

“鹏程万里”，出自战国时期道家代表庄周《庄子集释》卷一上《内篇·逍遥游》：“鹏之背，不知其几千里也；怒而飞，其翼若垂天之云。……”后人以之比喻前程远大。

“彪炳千秋”，出自南朝梁钟嵘《诗品》卷中：“晋弘农太守郭璞诗，宪章潘岳，文体相辉，彪炳可玩。”彪炳，是指文采焕发、照耀之意；彪炳千秋，多用以形容伟大的业绩流传千秋万代。

此联表达了对祖国繁荣昌盛、人民幸福安康的无限向往和追求。我们每一个中国人，都要把自己的命运同国家的命运紧紧结合在一起，努力学习，完善自己，实现自己的抱负，与祖国一起腾飞。正如习近平总书记所说：“空谈误国，实干兴邦。”我们既要保持仰望星空的梦想，更要脚踏实地地辛勤工作。只有这样，才能飞得更高、更长久。

（明纯）

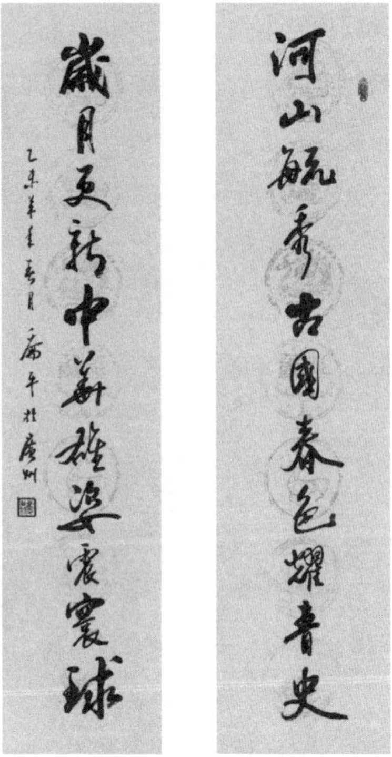

河山毓秀，古国春色耀青史

岁月更新，中华雄姿震寰球

（乔平／书）

【出处】

邹光忠主编《实用对联大全》

【读联随笔】

毓，产生，孕育。毓秀，指山川秀美，人才辈出。河山毓秀，意为聚合天地之灵气，蕴育出优秀人才。更新，指革新，除旧布新。清代顾炎武《元日》诗："岁序一更新，阳风动人寰。"岁月更新，指岁月更替，旧的去了，新的来到。

此联描绘了秉承五千年历史文明的新中国焕发春色，以富强雄姿屹立世界之林的美好蓝图。

"富强"是社会主义核心价值观的首个关键词。富强，即富足而强盛，民富、国强。这是社会主义现代化国家建设的应然状态，是中华民族梦寐以求的美好夙愿，也是国家繁荣昌盛、人民幸福安康的物质基础。一代又一代的中国人一直都有一个实现富强的梦。所以说，"富强"这个核心价值观集中体现了中国特色社会主义现代化的价值目标和价值追求，符合当代中国共产党人和全体中国人民寻求民族复兴的共同愿景，是一个凝聚人心、鼓舞士气、激发活力、振奋精神的价值目标。

（明纯）